教育改革家

程天放的早年回憶錄

程天放——原著；蔡登山——主編

【導讀】程天放的一生

蔡登山

程天放是五四運動上海學生會會長，美國伊利諾斯州大學政治學碩士，當過報紙主編，數個大學校長，後來成為CC系骨幹，一九三〇年代理安徽省主席，首任駐德大使，中央宣傳部長，教育部長。

程天放（一八九九－一九六七），初名學愉，字佳士，號少芝，以參加革命改名天放。江西新建大塘村人，生於杭州，曾祖程矞采係湖廣總督，父仲芝以同知分發浙江。程天放十二歲遭父喪，在家鄉讀私塾三年後，一九一二年肄業於省城洪都中學，半年後入心遠中學學習，以中英文超越儕輩，校長熊純如許為大器。一九一七年入復旦公學，一九一九年為回應北京「五四」愛國運動，組織上海學生聯合會，選為會長，程天放復旦的學弟曾昭六在〈程天放先生少年軼事〉文中說：「五四運動天放為學生會會長，某次上海學生會領導遊行到南市去，天放以會長的身分來領導，隊伍所到之處觀者塞途，那次天放穿的是長袍黑馬褂，高視闊步，旁若無人的領著隊伍昂然前進。雖然南市軍警荷槍實彈，如臨大敵的來維持秩序，由於這樣一位天神下界般凜然不可犯的人物來領導，道旁的圍觀群眾，竟然『屏息以觀』，軍警竟也不敢阻攔。如果不是天放的從容鎮定，當日後果，真可說是無法推測。自此天放益為上海學生所推崇，所敬重。」程天放文思敏捷，學生會重要文告多出其手，又長於辭令，雄辯滔滔，語驚四座。當時孫中山居滬著書，於報端見程天放言論，召至寓邸接見。

一九一九年復旦大學畢業後，考取江西官費留美，初入芝加哥大學哲學系，後轉讀伊利諾大學政治系，一九二二年碩士學位，繼入加拿大多倫多大學，成為中國留學生的「核心人物」，組織學生演講、辯論、成立同學會等活動。還擔任加拿大《醒華日報》總編輯，後來又負責《晨報》編務。「五卅」慘案，廣州「沙基」慘案，他積極發動並支持國內抗日抗英鬥爭，並在溫哥華「國際聯誼」設成立大會上，發表了「世界各民族平等，中華民族要從帝國主義壓迫下解放」的演說，並被選為副會長，處處顯現了他無比的愛國情操和領導天才。一九二六年他以《加拿大東方移民》十二萬字的論文，獲政治學博士學位。

回國後任教於復旦、大夏大學等校，後投身國民黨黨務系統，為CC骨幹人物。一九二七年任中國國民黨江西省黨部執行委員兼宣傳部長，江西省政府委員兼教育廳長。此時國民革命軍已底定福建，進攻蘇浙，共匪以江西為支持北伐基地，多方阻撓，值蔣委員長移駐安慶，乃勾結意態游移之少數軍人，於四月二日在南昌暴動。程天放與同志數人於省黨部被毀時，遽遭襲擊，身陷虎口者近兩個月。以時局轉變，看守稍懈，始獲與獄官偕逃。是年十二月，先後出任中央大學教授、國民政府參事、考試院參事。一九二八年改任中央軍官團政治總教官、政治部主任。一九二九年擔任安徽省政府委員兼教育廳長、安徽大學校長。一九三〇年代理安徽省政府主席職。一九三一年任國民黨中央黨部宣傳部副部長、兼總司令部黨政委員會委員。一九三二年任國立浙江大學校長，於師資設備均有充實。翌年調任湖北教育廳長，陳果夫開府江蘇，堅邀其任江蘇省政府委員兼祕書長，於立規建制，綜核名實，獻替殊多。一九三四年任中央政治學校教務主任，創立研究部與新聞學系，尤以後者造就至夥，成績亦彰彰在人耳目。

一九三五年至三八年任中國駐德國大使，就任初期，中德經濟關係非常密切，德國政治軍事力量的崛起和經濟的高速發展成為國民黨政府效法的榜樣，德國駐華軍事顧問團和中德軍火貿易成為雙邊關係友好的象徵。程天放在柏林是最受歡迎和尊敬的駐德大使之一。他曾兩次參加德國國家社會黨的年度大會，實地領略了希特勒推行法西斯主義的概貌。迨中日戰事爆發，彼以與日本建立軸心關係，程天放大使處境日艱，仍苦心肆應，使我國在德所訂戰略物資能如約到達，又旅行各處，廣與民間接觸，獲致輿論同情，以待世局之所演變。一九三八年二月，希特勒對德國政府實行大換班、大清洗。二月二十日，希特勒在國會發表長篇演說，不僅宣布承認「滿洲國」，而且將中日戰爭看成是共黨與反共力量的戰爭，明白表示希望日本勝利，對中國表達了極端不友好的態度。程天放為此立即報告國內高層，稱「過去國社黨袒日，德政府尚能保持中立」，「現在希特勒公然袒日，不顧中國友誼，將來勢必召回軍事顧問，停止軍火供應，中國對德已無所希冀」，「建議政府召回大使，並正式通知各國，以表示我對德承認偽滿的不滿意」，並提出辭職，表示「在此已無事可做，對不起國家，不願再留德國」。直至五月三十日，終獲政府批准辭職歸國。

一九三九年初，任國立四川大學校長，他的好友黃季陸說：「那時四川剛將防區劃歸中央統一指揮不久，地方的狹隘觀念很重，又夾雜了黨派的因素，川大正發生風潮，阻礙天放到任，學生和其他的分歧份子，結隊包圍天放的住所沙麗文旅館，提出許多無理要求，要脅迫天放接受，甚至意圖阻止他去接掌川大。天放態度鎮靜，很嚴肅的對他們說道：『我奉了國家命令出長川大，決不因受任何壓力的影響而屈服，威脅對我是沒有用處的！』大義凜然不怒而威，令人不敢侵犯，終於對他折服」，他居成都峨眉三年，川大經他大力整頓，漸具現代規模。一九四三年任中央政校教育長（曾兼新聞系主任）、兼國防最高委員會常務委員，一九四五年奉派出席聯合國教科文組織代表。一九四七年獲選為江西地區立法委員，一九四九年任國民黨中央宣傳部長。一九五〇年，隨國民政府前往臺灣。一九五〇至五四年任教育部部長；卸任後赴美，任教於華盛頓大學遠東問題研究所；政大在臺復校後曾任外交研究所所長。一九四八年任考試院副院長，一九六五年任故宮管理委員會委員。一九六七年十一月二十九日在美國紐約病逝。

程天放主要作品有《歐亞歸途》、《美國論》、《二十世紀之科學（四）：社會科學之部政治學》、《使德回憶錄》、《程天放早年回憶錄》、《胡適與中國》；編有《國父思想與近代學術》。

目次

我的家塾生活

我是江西新建人，可是因為先父在浙江游宦，所以我在民國前十三年，出生於山明水秀的杭州；一直到十歲才離開浙江。我幼年時新式學校已經創辦了，可是風氣未開，一般書香人家子弟，還是在私塾讀書的。我六歲時，先父請我的表兄吳士鑑（號絅齋，做過江西學政）來為我破蒙。當時的習慣是由破蒙的先生教學生認四個字，就算是正式開始讀書。那天我表兄寫了「國泰民安」四個字，準備教我認，不料我已經從父母處學會了好些字，所以除泰字外，其他三個字都用不著他教。

破蒙先生都是請社會上有地位有名望的人擔任的，教了四個字後，他的任務就完畢了。先父又請了一位沈先生來教我讀書，初讀的書是三字經、千字文、和百家姓。這些書的句子很短，文都押韻，所以很容易上口，可是先生從來不講內容，學生也就等於唱山歌一樣地唱。等到念熟了一段，就背給先生聽，然後再念一段新書。這三部書讀完後，就開始讀四書，那自然更不講解了。

因為先父服務的地方由杭州調到麗水，又由麗水調到嘉善。我的私塾教育，也就時斷時續。我八歲那年全家回到杭州，先父因受刺激突然得了很嚴重的病症，我們家庭就由常態成了變態，全家的人忙著伺候病人，我的教育就等於停頓了。幸而我家裡藏的書籍很多，所以我就憑自己的興趣找來看。所看的當然以舊小說為主，如同《三國演義》、《紅樓夢》、《水滸傳》、《封神榜》、《列國志》等，都是在我九歲時候看的。不認識的字就靠字典幫助。《聊齋誌異》我也看了，可是因為它所用是比較深奧的文言，有許多地方不容易看懂。

民國前四年我十歲，先父的健康比較進步，可是要再想擔任行政工作，卻為體力所不許了，所以那年春天就全家遷回江西。那是我第一次長途旅行，現在還依稀記得。我們由拱宸橋坐小火輪到上海，然後坐長江輪船到九江，再轉小火輪到吳城，然後坐帆船到新建大塘鄉間，一共走了七天，看到許多新鮮景物。

我的家鄉是聚族而居的一個村莊，裡面約有七八十家，都是由我的五世祖傳下來的後裔。五世祖生了兩個兒子，兩個兒子又各生了五個兒子，所以一共是十房。我們這一房是老大。那時每房都有家塾教各房的子弟，所以我回到家鄉休息幾天後，就進了大房的家塾。我在杭州家裡讀書時，學生只有我一個人，覺得很寂寞，現在家塾裡面有我四五個堂姪和兩個堂姪女，就熱鬧多了。我初進家塾時教師是胡筱沂先生，第二年換了一位郭先生，過了一年半又換了一位我的本家叔祖屏玉先生。

到臺灣以後，我常常聽見做家長的人訴苦，現在學校功課太繁重了，使得他們的子女疲於奔命，沒有運動娛樂的機會。可是如果拿現在中小學生的情形和我當時在家塾的情形比，那我敢講現在學生輕鬆得多了。現在的學生每天上五六堂課，兩堂課中間還可以休息十分鐘。星期天放假，可以去看電影或是出去遊覽。冬天有三星期的寒假，夏天有兩個月的暑假。我當時夏天早晨七點，冬天早晨八點，就要到家塾讀書，過了中午才休息一下，回家吃午飯，飯一吃完馬上又趕回家塾去，到天快黑了才放學，在塾裡時除了大小便外不准離開座位一步。一年中除了端午中秋各放假一天，舊曆過年大約有三星期的休假外，其餘根本沒有假期。

家塾裡的功課大致是這樣的，早晨到塾就溫讀昨天所上的書，那時的讀，不像現在學生的看書，是真正的高聲朗誦，要使得座位離開一丈以外的先生聽得清清楚楚。讀熟了就去背給先生聽，背書的時候如果稍微有點停頓，那就得拿回座位再讀，一定要背得和流水一樣的順利，先生才認為記牢了，於是又上新書。這樣一直要讀到十二時半吃午飯，才有大約二十分鐘的休息。飯後就寫大小楷和作文。最初一年先生出普通事物的題目，如「春日」、「竹林河岸」等。第二年以後，就要做論說文如同「岳飛論」、「三國人才論」之類了。當然作文絕對要用文言，越古奧越好，決不准用白話。幸而當時科舉已廢，所以我沒有做過八股。寫字作文完畢大概是下午四點鐘以後，於是溫習過去已讀的書，依然是高聲朗誦，直等到天色將黑了，先生叫「收拾」，才將書桌整理好，離開家塾。每天在家塾的時間總在十小時以上，而用在高聲朗誦的時間則在七小時左右，每天放學回家都感覺聲嘶力竭。

我那幾年讀了些什麼書呢？由《四書》讀起，然後《詩經》、《書經》、《左傳》、《戰國策》、《國語》、《周禮》、《資治通鑑》。各書都要背誦，只有《資治通鑑》只讀不背。這些書，先生圈點後照例領導學生讀一篇，然後由學生自己去讀，不講解內容，只要學生讀熟能背，就認為達到目的了。《四書》，《詩經》，大都明白曉暢，我很容易看懂，也就讀得津津有味。書經裡就有許多篇，連韓昌黎都認為「佶屈聱牙」，我當然一點看不懂，然而也要死記背誦，就成為苦事了。我常常聽見比我年長的朋友們講，中國過去讀書的方式有它的價值，因為趁兒童記憶力強的時候，叫他們將應該讀的書讀熟就會終身不忘，儘管他們當時不懂書中意義，長大後自然會懂。我覺得這番話實在有點牽強。凡是兒童不了解的書籍，而要他們呆讀死記，總是不合教育原理的。這樣呆讀死記的書籍是很容易遺忘的，小時所下的苦工，等於白廢。試拿我個人的經驗做例子：我在家塾時，對《四書》和《書經》所下的苦讀工夫是一樣深的，可是到了現在，《四書》有許多地方依然可以背誦，而《書經》的〈盤庚〉、〈大誥〉、〈康誥〉、〈酒誥〉、〈召誥〉、〈洛誥〉等篇，一個字都記不起來了。這個理由很簡單，因為《四書》我當時看得懂，感覺有興趣，所以記住了，可以很久不忘。《書經》裡這幾篇文字已經艱難，意義又很深晦，當時完全在先生強迫之下勉強讀熟背誦，對它不但沒有興趣，反而厭惡，自然只要三個月半年不再讀它就會忘得一乾二淨。也有講授過私塾教育的人，他們的國文比現在受學校教育的人好。這句話也是沒有事實根據的。誠然受過私塾教育的人當中有若干文學修養很高，寫出來的詩文很美，可是這要歸功於本人的天賦和努力，決不能說是私塾教育的效果。我就曾親自看見許多在私塾讀書八年、十年而文筆依然不通順的人。

我的家庭是個書香世家，所以祖先傳下來的書籍很多，我在晚間放學以後，就搜羅許多書來看。我感覺最有興趣的是《古文觀止》、《唐詩三百首》，和《曾文正公全集》。對於古文和唐詩我自己讀熟了若干篇，若干首，到現在還可以背。《曾文正公全集》裡，我最欣賞的是他的《日記》和《家書》。當時我對曾國藩真是五體投地的欽佩，覺得他既有學問，又有道德，而且削平洪楊，建立了偉大的功業，真可以做有志青年的模範。不過後來腦筋裡有了民族觀念，知道太平天國的起義是一種民族革命，對曾的崇拜就漸漸地淡了。

儘管我在家塾所讀的書都是正統的儒家書籍，就連我自己找來看的書籍，也大都屬於中國傳統的知識範圍，可是二十世紀的新思潮很快就滲進我的腦海來了。胡筱沂先生是一個比較開通的私塾先生，所以他除了教我讀《四書》外，還教我讀了一部《地球韻言》。這是張之洞所編的書，將中國的疆域，世界的大勢，用四個字一句的韻語表達出來。這本書沒有現在初中地理教科書編得好，可是因為句子短，又押韻，所以容易讀，容易記。我從這本書裡第一次知道世界上有六大洲，有許多國家，其中還有英、俄、德、法、美、日是強國，而中國幅員雖大歷史雖久，卻弱得可憐，受外國的壓迫。我十二歲那年，在家塾書櫥裡找到一部魏源著的《海國圖志》和一部《皇清經世文新編》，看了《海國圖志》就更知道世界大勢；看了《皇清經世文新編》就了解拿中國和列強比，政治如何腐敗，一切事業如何落後；如果不改革，前途是非常危險的。

最妙的是我當時又在書櫥裡發現了一部有關科學的書（書名我已經記不起來了）。由於這部書，我的知識領域突然擴大了，知道世界上除了中國傳統的學問外，還有聲光化電等的科學，而且電氣可以生熱，可以傳聲，可以通訊；化學可以將這種物質改變成那種物質，簡直和《封神榜》上的神話一樣。我當時高興得不得了，就想專門研究這些新東西。可惜那部書很簡單，很淺陋，我就托人在南昌搜羅《化學闡原》這一類科學的書，結果一無所得。經過若干時間，我對科學的興趣就淡下來了。因此我常常想，一個人的際遇和事業，往往由於偶然而來，並不一定是有計畫有預定步驟的，例如我如果不是十歲時回到家鄉，在家塾讀書，而從小就進了新式的學校，我的強烈的好奇心會驅使我去研究自然科學，我可能成為一個科學家，那麼我一生的事業就會有顯著的不同了。可是因為我小時對科學的求知慾受了環境的障礙，不能順利發展，以後儘管進中學、大學，我的數學、物理、化學的成績都很好，然而十二歲時那種對科學的熱心，已經一去不返。我的智力就不從自然科學發展，而移到政治社會科學方面去了。這對我自己、對國家，也許是一件不幸的事件。所以我盼望做家長的人們對他們的子女幼年所表現對某種知識的興趣，一定要輔導它，鼓勵它，而不可加以阻遏。

我家裡從我曾祖、祖父、到父親，都做清朝的官。當然我的家人親戚，希望我長大了也做清朝的官。可是我卻從很小就有了革命思想。這種思想首先是由讀小說而產生的。我十一歲的時候，無意中讀到曾孟樸所著的《孽海花》。這本小說有一部分敘述當時主張反清復明的哥老會，以及提倡革命的領袖「孫汶」（這是《孽海花》所用的原名）。我才了解滿清皇室和中國民族不同，在滿清政府昏庸腐敗的作風，和排斥漢人的政策之下，非推倒清朝，中國是無法改革圖強的。自那時起，我就立志要參加排滿的革命工作。後來又有機會讀了《揚州十日記》，對於滿清軍隊初入關時的屠殺更加痛恨。十二歲時又讀到一本記載徐錫麟刺恩銘和秋瑾被捕就義的書，對徐、秋兩人非常欽佩，革命的觀念就更加強烈。十三歲那年，廣州在陰曆三月發生革命，可是鄉間消息遲慢，直到陰曆六七月，才聽人說起。八月中旬武昌起義，這次因為革命軍站穩，而且各地迅速響應，所以消息很快地到達鄉間。那時許多守舊的知識分子還是反對革命的，叫革命做造反，我則說滿清本來是異族入主中國，現在中國人應該將政權收回，他們都罵我小孩子懂得什麼。可是武昌起義後三個星期，南昌也光復了，反對革命的人才不敢再出聲。南昌光復的消息一到鄉間，我和幾個堂姪都將辮子剪掉，表示同情革命，也沒有人阻止我們了。

民國成立以後，風氣一變。許多人家都讓子弟受新式教育，我和幾個堂姪也就結束家塾生活，而到南昌去進學校了。我在家塾裡三年半，所讀的大多是古書，可是因為有機會讀《地球韻言》、《海國圖志》、《皇清經世文新編》、《孽海花》，這一類書籍，腦筋裡才產生了新思想。尤其武昌起義後不久，我一個堂兄伯臧原來在奉天做官的，也回家來了。他帶了許多書籍，其中有梁任公的《飲冰室文集》，和裝訂成冊的《新民叢報》、《清議報》、《國風報》等，我讀了對於中國情形和世界大勢，才有進一步的了解。梁任公的文章，筆鋒犀利，情感洋溢，我讀後深深感動，他是主張保皇而反對革命的，可是我讀了《噶蘇士傳》、《羅蘭夫人傳》、《意大利建國三傑傳》等，更加強了革命圖強的意識。

以現在的眼光看起來，當時私塾教育是很不合理的，那種囫圇吞棗式的讀書和背誦，對於啟發學生的智慧，可以說事倍而功半。尤其是整天關在書房裡伏案埋頭，沒有運動娛樂的機會，對於身體健康完全疏忽，因此讀書人家的子弟比起農家子弟一般地講，身體要脆弱得多。

我晚間也喜歡在微弱的燈光下看書，所以從十歲起，眼睛就變成近視。我的私塾生活值得留戀的一點，就是和大自然接近。我的家塾是一幢中國式的樓房，樓上藏書，樓下就是書房。書房前面有一個長約四丈寬約兩丈的院子，裡面種滿花木，春、夏、秋、冬都有花卉開放。我讀書讀累了，只有藉小便的機會，在院子裡多躭擱一下，欣賞一下花卉，休息一下腦筋。樓上朝南是門窗和走廊，朝北是磚牆，但是也開了兩個窗戶。窗戶外面是村莊的後園，有三四丈高的老樹，由樹的枝葉中望出去，就是田野和一道小河，天氣晴朗的時候可以望見遠在九江的廬山。所以那幢房屋就叫做望廬樓。我的村庄外面縱橫五六里都是水田，當中又夾雜些小村落，每一個村落四圍照例都有樹木。在春夏之間，樹葉長大了，新秧也出水了，由村莊大門望出去，是一幅非常美麗的畫面。夏天日長了有時不到天黑，先生就放學，我和堂姪們就到田野間，或是村莊後面的河岸去散步，那就是讀了一整天的書後最愉快的事了。後來進了都市裡的學校，這種自然勝景就不容易遇見了。

（原載《傳記文學》第一卷第五期）

百花洲畔的絃誦

辛亥革命後，風氣一變，家長們將原來在私塾讀書的子弟，都送進新式學校讀書。我也在民國元年陰曆元宵以後，和幾個堂姪，都到南昌去考學校。那時我正滿十三歲，如果考高等小學，未免年齡太大一點（那時初等小學四年畢業，高等小學三年畢業），如果考中學那麼我又沒有進過高等小學，有些課目不曾學過。考慮再三，家長還是讓我去考舊南昌府辦的洪都中學（後來改做省立第二中學）。考試那天，兩門試題，一門是國文，一門是算術。國文對我講是輕而易舉，但是算術在家塾裡從來沒有學過，只好胡亂對答。幸而國文得分很高，所以算術雖不及格，也就錄取了，於是乎我就做了沒有讀過小學的中學生。

民國初建，許多事都從頭來起，所以進行得很慢。洪都中學本校學生已經容納不下了，我們這一百多一年級的新生，就被放在分校裡面。分校是租賃私人住宅而改造的，等到一切布置就緒，開學上課，已經是四月中旬了。我還記得，每天六點半鐘就起床，吃過早飯，八點就上課，上到十二點吃午飯，下午一點上課，上到三點，三點以後的時間就可以自由支配了。我在家塾時，從早晨讀書一直讀到傍晚，現在每天只上六小時課，而且在講堂只聽先生講，自己不必高聲朗誦，那真是感覺輕鬆之至。

第一學期一共只上了兩個半月的課，到七月初就放暑假了。那一學期所得到的知識，實在微乎其微。國文、修身、地理、歷史等教科書上所講的比我在家塾時自己看書所知道的少得多。只有英文、數學，是過去沒有學過的東西。可是數學從加減乘除學起，兩個半月學得很少。英文從ＡＢＣＤ學起，一個星期只教一課，一學期只教了十課左右。到學期考試時，一般學生還覺得太多，要英文老師指定範圍來考，由十課減到八課，再減到六課，再減到四課，結果只考了四課的內容，學生程度也就可想而知了。此外就是手工、圖畫、音樂、體操等課目，學得也很少。

那一學期，學問方面簡直沒有進步，可是對於別方面的知識，卻增進了不少。我在杭州時年齡太小，關在家裡，不能和外界接觸，十歲以後在鄉間讀書時，所接觸的都是同一村莊同一家族的人，範圍很窄。現在生活在一個二三十萬人口的都市，而且脫離了家庭，一切要自己做主應付，就是在洪都中學分校裡，這一百多個同學，也來自各種不同的家世，不同的生活背景。因此我對於人生，對於社會自然就有進一步的認識。儘管那時許多見解還是幼稚的，可是比在家塾時代，只有書本知識，而毫無人生經驗，已經大不相同了。尤其當時革命初成功，舊的約束解除了，大家喊自由喊民主，卻很少有人懂得自由民主的真意。當時中國的政黨紛紛成立，公開活動，在南昌都設有支部。有一個比我年長的同鄉在當時的公民急進黨支部擔任職務，並且住在這裡。我有時下課以後或在星期天到他辦公室去閒談，就知道了些政治活動的內幕。另有一個同鄉，在報館裡擔任編輯，我去看他時，又得到些社會資料。這些事都幫助我了解社會，了解人生。

當時大家所主張的民主，是怎樣一種民主，我只要舉一個實例，讀者就可以知道了，南昌、新建，都是江西的首縣，所以南昌城分做兩部分，一部分歸南昌縣管轄，一部分歸新建縣管轄。（當時兩個縣政府都設在城裡，後來南昌設市，縣政府才移到他處。）新建縣有一個縣立高等小學，校長出缺了，大家說現在是民國，不能和專制時代一樣，校長由縣長委派，應該選舉。但是歸誰來選呢？於是乎就由新建教育界人士成立一個團體，由這個團體來選。不但在教育界服務的新建人，連我們這些在洪都中學讀書的新建籍學生也加入做了會員。選舉那天，我們都去投票，當選做校長的人，還來向我們道謝，那時我不滿十四歲，比我年長的同學，也不過十五六歲，我們這些未成年的學生，居然選舉高等小學的校長，這是那一種法律賦予我們的權利呢？現在的人一定會覺得這是怪事，可是當時大家認為這是民國作風，沒有一個人提出了任何疑問。

那年暑假，我回到大塘鄉間。秋天開學時，我因染上了瘧疾，而鄉間沒有西醫，不知道用奎寧丸治療，只是服中藥，所以拖了很久才痊癒，因此我就休學半年，在家裡自己讀書。除了數學、英文，沒有方法自修外，我相信我自己讀書比在洪都中學進益更大。民國二年春，我又到洪都中學復學，仍進原班。因為學風很差學生不用心讀書，老師也就馬馬虎虎地教，所以進步很慢。尤其是英文，讀到學期終了，已經學了一年半了，學生能認識的字很少，更談不到造句和文法。因此到放假時，我就下決心，暑假後不再進洪都中學了。

民國二年三月，宋教仁先生在上海滬寧火車站被刺，後來查出是袁世凱嗾使趙秉鈞，轉命應夔丞、洪述租、武士英做出來的事，完全是一種政治性的暗殺。於是舉國譁然，國民黨的人，自然格外憤慨。當時江西都督李烈鈞先生，是國民黨重要幹部，因此江西反袁空氣非常濃厚。國民黨和袁世凱的衝突愈來愈尖銳化，到了六月初，袁世凱就下令將國民黨籍的李烈鈞、柏文蔚、胡漢民三都督免職。當時大家感覺時局嚴重，馬上要起變化，不料李烈鈞先生發表聲明，平靜地離職而去，我們安穩地讀完那學期的書。可是等我回到鄉間，李烈鈞先生在湖口起義討袁，接著南昌、南京、徐州、蕪湖、上海、廣州、福州、長沙，紛紛響應，二次革命終於實現。可借結果是曇花一現，袁世凱手握重兵，又向五國銀行團借了二千五百萬鎊的大款項，而國民黨方面卻兵財兩缺，所以不到兩個月，討袁運動煙消雲散，袁世凱控制了全國。九月間我重到南昌，立刻發現一切情形與暑假前大不相同。本省軍隊打垮了，被解散了，街上遇見穿軍服的人，都是一口北方話，趾高氣揚，儼然征服者的氣派。民國元年那一點蓬蓬勃勃的生氣，已經看不見了，政黨都已經銷聲匿跡，民主自由也沒有人敢提起，中學生選舉校長那種幼稚作風，自然更沒有人談了。

我就在這時候轉學到心遠中學去做二年級的學生。心遠中學是一所私立的學校，校舍原來是南昌月溪熊家的家塾，後來改辦學校。校長是熊育錫（純如）先生。他的國學尤其歷史根底非常深厚，講起《資治通鑑》的史實時，簡直滔滔不絕，如數家珍。他沒有學過外國文字，可是思想非常新，非常進步。他認為要救中國一定要使中國近代化，最需要的就是科學和工業，而要研究西洋科學和工業，那就非用西洋文學做工具不可。所以他辦心遠中學的方針，特別注重英文和科學。除了國文、修身和本國史地外，其他課目一律用英文課本教，而且到四年級所用的課本，有些是美國大學一年級用的。他對學生個別講話時，也鼓勵他們將來在理工方面深造。心遠學生受了他的影響，差不多畢業後去升學，總是投考南洋、唐山，或者北京、北洋幾個大學的理工科。

我在心遠讀了三年，到畢業為止。這三年裡面，英文有很大的進步。我投考心遠，參加插班試驗時，英文老師寫幾個生字問我，我有一半不認識，他幾乎不准我進二年級，幸而我國文分數很高，所以學校當局還是准許了。這位教二年級的英文老師姓郭，他的學歷並不比洪都中學的英文老師高，可是兩個學校的寬嚴不同，因此學生的進步也就大不相同。在洪都時，一個星期才教一課英文，而且學生是否了解，教員從來不問，到期考時，大家要求範圍，只考少數幾課，因此學生所得益處實在太少。心遠的英文老師每天教完一課，到第二天就要學生背給他聽。每星期有臨時測驗，每月有月考，期終又有期考，學生從沒有要求範圍的事。這樣一來人人被迫非用功不可了。我初進心遠時，連簡單句子都不會造，等到一年讀完，已經可以寫短篇文章。那時商務印書館出版《英文雜誌》，我定了一份，除了學校的教科書外，還用它做補充讀物，所以進步更快。我在三年級時，《英文雜誌》徵求讀者對雜誌感想的文章。投稿的人包括大學生、中學生乃至中學教英文的教員，我也寫了一篇寄去，居然在當選之列，得到三元獎金。數目雖少，可是這是我第一次用文字——而且是外國文字——得到報酬，心裡異常高興。

心遠三四年級學生所學的外國史地和數、理、化各課，一律用英文教科書，學生學習英文的機會更加多了。數、理、化、裡面除了科學名辭外，普通字用得不多，史地教科書裡的字彙就相當豐富，所以我當時幾乎每天要翻字典，查幾十個生字，我所認識的字也就愈來範圍愈廣。我對英文閱讀寫作的興趣，可以說是在這個時期裡養成的。心遠教員我不能說個個學問都很好，可是在那種風氣之下，大家都很認真，沒有人馬虎了事。有時教員的要求是不合理的，但是學生還是接受。例如教世界地理的謝老師所用的教科書，是英國中學用的課本，因此它對於英國這部分敘述得特別詳細，英國各州（Shire）的名稱全部登出來。老師叫學生把這些州名讀熟，到可以背誦為止。我心裡想，英國的學生應該記住英國的州名，正如中國的學生應該記住中國的省名一樣，可是我們是中國人，何必去記英國的州名呢？心裡儘管如此想口裡卻不敢駁老師的話，大家只有用死讀方法將這些州名記牢。

心遠是個私立學校，除了校舍是自己的財產外，並沒有基金，教育廳的補助也微乎其微，所以一切要靠學生繳納的學費來維持。民國初年在內地讀中學的青年，遠不如今天在臺灣這樣多。心遠的學費比公立中學要貴一倍，所以許多家長都願意將子弟送進公立中學，而不進心遠，因此我在校時，全校學生不過一百五六十人。學生既少，學校經費非常支絀，教員待遇趕不上公立中學，圖書儀器都很欠缺，做物理化學實驗時，常常要向別的學校借儀器來做。可是在功課的認真和管理的嚴格方面講，心遠在當時南昌公私立中學裡，可說是首屈一指。英文天天要背誦，世界史地和數理化等課目用英文教科書，這在一般公私立中學是行不通的，在心遠則人人認為當然的事，並不覺得稀奇。白天上課，固然要點名，連晚上兩小時的自修，也要點名，並且有老師坐在上面監督。熊校長把學校做他的家庭，（他家在離開南昌城二十多里的鄉間，他除寒暑假間或回家去住外，其餘時間都隻身住在學校裡。）用全副精神來辦學，許多教職員受他的感召，都很熱心為學校服務，並不因待遇比公立學校低而敷衍塞責。我初進心遠時，學監——等於現在的訓導主任——是柳藩國（潛植）先生，他對學生真如自己的子弟一樣，每天就寢時間到了，他就親自到學生宿舍去巡查。宿舍是不准從內門門的，每間房，他都要進去看，如果發現學生睡相不好，被掉下床，他會替學生蓋好，免得他受涼。心遠的職員很少。學監是要兼課的，不兼課的教務、事務人員，全校不到十個人，但是一切校務，並不比職員多兩三倍的公立中學辦得壞。以一個經濟基礎不穩固，設備簡陋的私立中學，而能使得學生英文和科學的水準超過公立中學，替國家培植了相當多的人才，這不能不歸功於熊校長和柳先生等辦學的精神和毅力了。

心遠校舍不大，只有五六間教室，五六間辦公室，兩間圖書儀器室，五十間左右的學生宿舍，每間小的只能住一人，大的可以住二三人，三四間校長和職員舍宿，此外就是操場和雨操場，如此而已。可是地點卻是很適當，南昌城中心有一個湖叫東湖，當然沒有杭州的西湖大和出名，可是在一個都市裡面，有一泓清水，可以供人遊賞，也就很難得了，心遠就在東湖邊上。東湖分做三部分，站在校門口就可以眺覽東湖的中間一部分。向南走不遠就是湖的主要部分，湖邊都是柳樹，春夏天柳葉直拂到湖面，沿著湖岸散步，真有人在畫圖中的意味，由湖的東岸到南岸再往前，可以一直走到湖中心的百花洲。百花洲最好的一處叫做冠鰲亭，建在一個小丘上面，亭外有假山，有大樹，由亭子裡望出去，四面都是湖水，很有點像西湖的湖心亭，不過眼界沒有湖心亭看得遠而已。星期日我常和同學到湖濱散步，在冠鰲亭盤桓很久才回學校。星期六晚上沒有自修，遇著月色好的時候，我也和同學僱了小船游湖，躺在藤椅上欣賞那水月交輝的美景，高吟蘇東坡的赤壁賦，真有「遺世獨立，羽化登仙」的感覺。

二次革命失敗，袁世凱控制全國以後，中國社會又是暮氣沉沉，有志氣的青年都感覺煩悶，可是在袁政權高壓之下，大家只有忍氣吞聲，埋頭讀書，不參加社會活動。等到民國四年一月，日本向袁政府提出二十一條要求的消息在報紙登出來後，全國人民尤其知識青年對於日本這種暴行，都憤慨異常。心遠同學也曾集會磋商，表示對這些要求堅決反對。到了五月七日，日本向袁政府提出最後通牒，心遠同學當時推我起草，擬了一個電文，主張拒絕，萬一日本用兵，則當以武力抵抗。這個電文是預備聯合南昌各中等學校聯名拍給袁政府的，不料正在和各校接洽時，袁世凱已經屈服，接受了這些喪權辱國的條件，我們預備好的電稿只好拋進字紙簍。那幾天，許多同學都悲痛得很，連飯都吃不下，睡都睡不安，過了相當長的期間，情緒才平靜下去。

在二次革命以後，一部分知識青年認為袁世凱能夠在兩三個月裡征服南方各省，不愧是個雄才大略的人，因此對他存了一種幻想，也許在袁的強有力統治之下，中國可以富強起來，對外爭一口氣。等到袁世凱對日交涉表現的如此軟弱，如此容易屈服，大家才感覺袁世凱對內雖兇，對外卻和滿清政府一樣地無能，一樣地脆弱，許多青年腦筋裡袁世凱這個偶像，就由於日本的二十一條要求完全打破了。不料袁世凱喪心病狂，對日本屈服以後，不想發憤圖強，反而想做起皇帝來。民國四年九月我回到心遠做四年級學生的時候，籌安會已經設立，接上就是強姦民意，各省紛紛請願恢復帝制，並推戴袁世凱為中華帝國皇帝。袁世凱也就居之不疑，設立大典籌備處，準備登極，並且將中華民國五年改為洪憲元年，那一學期心遠師生垂頭喪氣，大家於袁世凱帝制自然是百分之百地反對，可是偵探密布，誰要對帝制講一句不滿的話，立即會被抓去照亂黨辦罪，在這種專制淫威之下，只有敢怒而不敢言。有人偶然在作文裡講幾句牢騷話，國文教員還要將他叫去，勸告他不要惹禍。我在袁世凱改元那天，寫一封信給南京的親戚，特地在信封後面寫，中華民國五年元旦字樣，以表我對洪憲元年的抗議。我的信交郵後，有些同學很替我擔心，但居然沒有發生問題。五年一月中雲南起義的消息傳到南昌，人心才振奮起來，沒有多久學校放寒假，我又回到鄉間去了。

二月底心遠開學，我重到南昌，局勢已經大不相同。貴州、廣西已經繼雲南獨立，廣東、湖北、山東、山西，也有討袁的軍事行動。上海的輿論更是顯明地反袁。江西雖則沒有獨立的醞釀，可是大家已經公開反對帝制，熊校長更常常利用自修時間，向我們講帝制必然失敗的道理。袁世凱也知人心已去，就在三月二十二日下令取消帝制，並且廢止洪憲年號，希望由此轉圜，依然做他的總統。可是一般國民所反對的，不僅是帝制，而且是袁本人，所以討袁運動繼續展開。廣東、浙江、陝西、山東，相繼獨立，江蘇、湖北、安徽、福建、奉天，也有國民黨人起義。到了五月，袁最親信的陳宧，和湯薌銘，也在四川、湖南獨立。袁看見皇帝沒有做成功而造成眾叛親離的局面，羞憤成病，到六月六日不待國法的審判自己病死了。袁死後不到兩星期，我就參加畢業考試。那時我們這批青年都異常高興，所高興的不僅是四年中學生活告一結束，將要進入大學之門，尤其是眼見獨裁專制，一世梟雄的袁世凱，被全國人民公意所推翻，中華民國經過一次考驗而安然無恙。

（原載《傳記文學》第一卷第六期）

李公祠四年

民國五年夏天我在心遠中學畢業後，就發生了升學問題。當時江西還沒有大學，必須到省外去深造。先母已經過了六十歲，我是獨子，當然不願意我遠離，可是為了我的前途，還是贊成我升學。有兩處地方可以選擇，一處是北京，一處是上海。因為上海有親戚可以照應，而且由九江到上海可坐江輪，房艙票價不過六七元，比由漢口坐火車到北京的旅費要省得多，所以我就在七月底拜別了先母往上海去了。

到了上海，住在哈同路親戚家裡，立即接洽考學校的事。我本來受了熊校長提倡理工的影響，準備投考交通部上海工業專門學校（一般人通稱南洋公學，後來改交通大學），所以到上海沒有幾天，就到徐家匯南洋公學去索取招生簡章。簡章到手後，一看入學考試要考法文，我沒有學過法文，如何能考，加上當時我對於理工的興趣已經很淡，而想在文法方面深造，所以就放棄了投考南洋的念頭。

坐人力車回哈同路時，經過復旦公學，順便進去要了一份招生簡章。復旦有文科，而且不必考法文，所以我就報了名。八月底參加考試，過兩天接到通知已經錄取，我就在九月初註冊入學了。

復旦是民國前七年由馬相伯、于右任先生等創辦的一所私立學府。當時設在吳淞，民國元年遷設徐家匯的李鴻章祠堂，上海人通稱它李公祠。原來供奉李鴻章神主的正廳，改做膳廳和集會的地方；兩廡的房屋就改成了學生宿舍，正廳對面的房屋就改做教室。正廳左邊原來是一個舊式方形的戲園，中間是舞臺，舞臺前面有池廳，有包廂，後面則是演員化妝和休息的地方，現在整棟樓房改成了宿舍，池廳則成為學生玩乒乓球的地方。只有舞臺沒有利用，後來由我和幾個同學發起，在舞臺四圍裝起板壁，大家捐出些書籍放在裡面，成為一個小型的閱覽室。戲園前面另有一幢樓房，就成為校長和教職員辦公的地方。辦公廳對面也有一間教室，我初進復旦就在這裡上課。辦公廳和宿舍左邊是一個相當大的花園，裡面有李鴻章的銅像和許多樹木，中間有一個花廳現在改做教室。後面是一個水池，池中心有一個涼亭，也改做教室。這是全校最好的地點，因為四圍都是幾十年的老樹，夏天非常涼爽，池裡面還有荷花，花開時在教室中可聞見清香。我到二年級以後，有幾門功課就在這個教室上。不上課的時候，我也常常跑到亭子裡看書，享受一點清福。

復旦初成立時，馬相伯、嚴幾道、夏劍丞、高鳳謙相繼擔任過監督。民國二年校董會改組，國父自任校董會主席，邀陳英士、于右任、唐少川、王亮疇諸先生擔任校董，並且聘請李登輝先生做校長。我進復旦時校長還是李先生。他生長在國外，受教育也在國外，學業完成後才回國服務。因此，他的英文寫作講話都和英美學者不分上下，可是國語卻帶點外國傳教士講中國話的神氣。教授裡面很有些知名學者。李校長自己教我們英文、法文、哲學、和心理學。蔣梅笙先生教國文，王亮疇先生教理則學，林天木先生教公民和經濟學，薛仙舟先生教德文，政治學則是一位美籍教授教的。那時上海的風氣一切注重英文，所以復旦各門功課除了國文外一切以英文為主，不但用英文課本，而且講解問答以及考試都用英文。大多數從內地來的學生簡直跟不上，只好先到復旦附設的由學部去補習。我幸而在心遠用英文課本用慣了，所以絲毫不感覺困難，而且李登輝先生常常給我的英文作文八十多分乃至九十分，這使許多原來在上海讀書的同學，都感覺得很詫異。

復旦是私立學府，除了校董會有時捐助少數款項外（唐少川、聶雲臺都是校董），其餘就全靠學生學費來維持。那時學生不多，我做一年級生時候，公學部是三年畢業，一共不過百人左右。二年級時候改為大學部，延長到四年畢業，大學生最多時也只有兩百多人，中學部也是兩百多一點，以後還設有中學備館，收了四五十人，全校不起過五百人。每人每學期繳的學膳宿雜費合計一百二三十元，學校經費很困難，李校長還親自到南洋去向華僑募捐，才能維持。

因此，教授不敢多聘，職員更只有寥寥幾個人，圖書儀器很欠缺，在這些地方和公立的南洋、同濟與教會辦的聖約翰、滬江等校比，是相形見絀的。可是復旦有一個特點，就是言論自由的精神。當時袁世凱已死，政權在北洋軍閥手裡，政治依然腐敗，可是上海是個商場，大家只講生意，不談政治，連學府裡也免不了這情形。公立學府受政府管轄，避免談政治；教會辦的學府也不願捲入政治漩渦。只有復旦因為過去和國民黨的關係，而且現在校董和教授當中還有若干是國民黨黨員，他們反對軍閥，批評北京政府，毫無顧忌，學生也就養成一種喜歡談政治的風氣，這在五四以前是罕有的現象。

四十多年前上海大學生的生活，和現在臺北大學生的生活，有相當的區別。儘管上海是中國最繁榮的商場，而且是國際性的都會，可是大學生的生活還是偏於保守和樸實。那時大學都不收女生，青年根本沒有交女朋友的機會，因此就不必太注意衣著和修飾。現在臺灣的學生可以說沒有一個穿長衫的了，當時在復旦，除南洋來的幾十個僑生西裝革履外，其餘大多數都是夏天穿長衫，冬天穿長袍。現在大學生會跳交際舞的不在少數，可是我在復旦四年，沒有進過舞場，同學當中能夠跳舞的，可以說一百人當中找不到一兩個，當然四五百學生中也許有極少數因為家庭有錢而且家長又不管教，過著公子哥兒浪漫奢侈的生活，但是這類學生都走讀，不住在宿舍裡，並不影響校內的風氣，學生在課餘的娛樂，只有下棋、打乒乓，或者在校園草地上踢小球，連紙牌各種遊戲，都沒有人玩。晴朗的日子，晚餐以後就可以看見同學三人一群、五人一組地在校外散步。那時滬西一帶，人家還很稀少，除了徐家匯路和福開森路有若干外國人住的精緻洋房以外，就是中國人的村落和田野，所以復旦名為設在繁華的都市，實際環境卻帶有鄉村的氣氛。到星期天大家才會搭電車到租界去（李公祠在越界築路的邊緣），訪問親戚朋友，或者看一場電影，吃一次小館子，就渡過了假日。我還記得當時除了開學時繳付學費和購買書籍，需要一筆較大的錢外，平時每個月只要有四五塊大洋，零用錢就儘夠了。

當時的課外活動也沒有現在這樣多。復旦有個話劇社，民國五年的國慶，因為袁世凱帝制失敗，大家興高彩烈，所以公演話劇一天，池廳裡面坐滿了來賓，表演得很成功，不過以後三年的國慶沒有再公演過。學校出得有中文、英文的學報，由教授指導學生辦理，每年一期，我在兩種刊物裡都擔任過編輯。每年有一次演說比賽，由各班推舉代表自己選擇演題，學校指定教授做評判員，我在三年級時參加過一次，得到第三名。每年秋季舉行一次全校運動會，我只從旁幫忙，從來沒有參加過。我在二年級時，大學同學發起，成立了一個夜校，收容附近鄉村失學的成年和兒童，教他們識字和常識。我在一年級的時候，公民課教的是外國教材，可是林天木先生非常熱心，要我們去實地研究上海社會情形。因此，我們就參觀了若干工廠報館、印刷所，以及訪問了附近鄉村居民，詢問他們生活實況。我在三年級的時候，又利用春假和幾個同學組織了一個旅行團，到蘇州去旅行，並且在教育會裡公開演講，居然有幾百人來聽。

在我四年大學生活中，最值得回憶的，就是參加了政治性的愛國運動。這件事是在民國六年開始的。那年六月，擔任各省督軍的北洋軍閥，在天津成立督軍團，脫離中央，威脅黎元洪解散國會。黎元洪起初不肯，後來認賊作父，把張勳請到北京來調停，結果在張勳壓力之下，終於違背約法，解散國會。到了七月一日，張勳又將溥儀捧出來復辟，鬧得烏煙瘴氣。我和劉慎德（後來改名蘆隱）、孫鏡亞幾個同學，看見軍閥這樣橫行，異常氣憤，就聯絡上海各校愛國青年組織中華全國學生救亡會，想喚起人民，共同來挽救民國的危亡。成立那天，到了一百多人，通過會章，選舉職員，推孫鏡亞做幹事長，在霞飛路寶康里租了一樓一底的房子辦公，發宣言，拍通電，上海《民國日報》也儘量披露學生救亡會的消息，一時頗有蓬蓬勃勃的氣象。可是我們這些人都是窮學生，大家典質衣服得了些錢，不久就用完了。辦《牖民雜誌》只出了兩期就成為絕響，會所租了三個月就付不出租金而退租。七月中先母抱病，我坐船回江西，先母就在我趕到鄉間那天逝世。我因辦理喪葬，處置家事，休學了一學期，等到民國七年春天重到上海，學生救亡會早成為陳迹。現在回憶起來，當時以幾個毫無財力，毫無社會支持的青年，而要想做救亡的工作，實在有點幼稚，可是這件事在近代中國知識分子愛國運動中，卻可說是得風氣之先，比五四運動還早了兩年。

民國六年胡適之先生由美返國，在北京大學任教，提倡文學革命。民國七年五月杜威博士應聘到中國來講學，第一次公開演講就是在上海江蘇省教育會裡舉行的，由胡適之擔任翻譯。那次我和好些同學都去聽講。向來平靜的上海各學府，經過了胡適之、杜威等人思想的刺激，開始動盪起來。一般知識青年不一定全部贊同胡、杜的主張，可是大家對許多問題有了新的看法，感覺得研究學問，研究人生，要自己動腦筋，要養成選擇和判斷的能力，不能完全跟了別人走，也不能完全信賴古人的話。民國六年十一月俄國發生了社會革命，建立了共產政權。民國七年，社會主義、共產主義，乃至無政府主義，在中國都變成了時髦的學問，大家都紛紛談論它們。那年十一月德國投降，第一次世界大戰結束，上海有熱烈的慶祝，大家都預期戰後會有一個嶄新的世界，所以對於一切新潮流更容易接受。一方面受新潮的激盪，另一方面巴黎和會對山東問題處置不當，使知識青年對於北京政府媚日外交深感不滿，這兩件事引起了民國八年轟轟烈烈的學生運動。

學生運動是五月四日那天在北京發生的。北京的大專學生，為了反對《凡爾賽和約》，以及辦理中日交涉喪權辱國的曹汝霖、陸宗輿、章宗祥這批人，在那天集會提議，會遊行示威，搗毀了曹汝霖的住宅，毆打了章宗祥。軍警拘捕了許多學生，北京政府預備重辦。消息傳到上海，上海中等以上各校學生，憤慨異常，立即推舉代表在復旦開會，組織上海學生聯合會，來響應北京學生的愛國運動，同時推行抵制日貨。天津、南京、武漢、廣州的學生，也有同樣舉動，北京政府才不得不把被捕學生釋放。可是愛國的青年，並不以此為滿足，而要求免曹、陸、章三人的職，並主張拒絕在《凡爾賽和約》簽字。北京政府不肯接受，上海學生聯合會就決議罷課，在六月三日那天，在公共體育場集會宣誓，不達目的不復課。為了表示罷課不是為了個人的娛樂享受，各校都組織糾察隊，把守校門，不是因公，不准同學出校，免得少數人藉罷課機會去吃館子、看電影。所以雖則罷課，各校內部秩序井然，比平時還更嚴肅。那時公立學校和教會學校的校長教職員總是想勸導學生，不要將風潮擴大，可是復旦的李校長和教授等，卻非常同情學生運動，儘量支持。上海學生聯合會的英文名稱Shanghai Students' Union還是李校長替我們取的。

上海市民很受學生這種純潔的愛國精神所感召。學生會成立後借寰球中國學生會會所辦公，一切費用都由學生自己出錢，不向外界捐款，可是許多市民自動將錢送來做學生會的經費，幾天工夫收到兩萬多元，這樣才能打通電，甚至派代表和各地學生聯絡，使得學生運動迅速地展開。六月三日宣誓罷課後，在市區整隊遊行，忽然下起大雨來，學生依然整隊前進，兩旁商店的人，紛紛拿出傘來為學生遮雨，隨著學生遊行，直到終點才離開。這種情形，使得學生非常感動。學生罷課後不久，工人也罷工，商人也罷市，這樣一來，徐世昌慌了，才下令免曹、陸、章三人的職，想挽回已失的人心。後來《凡爾賽和約》在六月二十八日簽訂，我國代表看見國內民氣的激昂，也就不敢簽字，學生運動算是初步有了結果。

上海學生聯合會成立後會長是復旦同學何葆仁。有一個評議部，各校推出一個代表做評議員，是決策的機構。我代表復旦參加評議部，並且當選做副評議長，評議長是東吳的學生狄侃。後來各地學生會派代表來上海集會，組織全國學生聯合會，我又被選為上海學生會代表，和東吳學生何世楨等一同出席。六月中上海學生聯合會出版日刊，我被推為總編輯。日刊只是小型報紙，每天一張，沒有電訊，沒有特約通訊，只是登載愛國言論、上海和各通學生運動的消息，和翻譯上海西文報紙的新聞，居然很受社會歡迎，每天出版後由各校同學和報販在馬路上推銷，可以銷到四五千份。我幾乎天天在報紙上寫社論，對軍閥官僚痛加抨擊，不但要去曹、陸、章，和反對在和約上簽字，而且主張政治革命，推翻北京政府。當時孫鏡亞已經脫離學生界，可是他自動地幫我辦日刊，貢獻很多。

七月底我因為結婚回去家鄉，九月中學校上課，重到上海。學生聯合會改選，我當選做會長，南洋的彭精一，聖約翰的岑德彰，當選做副會長。狄侃已經做了全國學生聯合會的理事長，評議長由何世楨繼任。《學生聯合會日刊》的總編輯則由潘公展擔任。我做會長不到一年。這一年中因為政治上沒有特殊事件，學生會工作注重在向民眾宣傳，和抵制日貨兩件事。

那年秋天美國駐上海總領事克寧漢（Cunningham）奉召回國，上海各界人士設宴餞別，由唐少川做主席，我也是來賓之一，並且應邀致歡送辭。我強調中美傳統的友誼，並且說中國要富強，必須向美國學習，不但要學習美國的科學和工業，並且要學習美國人民的愛國心和服務精神。這是我第一次在外國人面前用英語演說，免不了有點緊張，可是會後克寧漢對我卻很讚許，那時我感覺救國運動專靠學生做是不夠的，就由學生會發起，聯合工商界和自由職業人士，組織了上海各界聯合會，再由上海各界聯合會邀集其他重要都市的代表，在上海成立全國各界聯合會。這樣一來，反軍閥、反北京政府的空氣，逐漸瀰漫到全國。

從民國八年暑假後起，上海學生聯合會就設在法租界貝勒路。起初法租界當局對學生會採取不干涉政策，我們可以掛招牌，公開活動。到了民國九年春天，學生會反軍閥、反北京政府行動太顯著了，有一次在遊行示威中和軍警起了衝突，有一部分學生受傷，學生會遂又決議罷課，來表示抗議。北京政府向法公使交涉，法公使遂轉令上海法總領事館取締學生會的活動。因此，那年五月學生會會所被封閉了，日刊也禁止出版了，以後只好遷移地址，不掛招牌，而暗中活動。學生運動並沒有停止，可是活動範圍卻大大受了限制。

在學生運動中，我很幸運地有機會瞻仰過國父孫中山先生和現在的總統。民國八年國父住在上海，他正印行了《孫文學說》，鼓吹知難行易的道理，引起了學術界的重視。不久他又在胡展堂、戴季陶、朱執信先生等所辦的《建設雜誌上發表了《實業計畫》。我平時已經傾向於三民主義，（當時國父的《三民主義十六講》還沒有出來，大家對三民主義的了解，還有點模糊。）等到看了這兩種著作，對他更加嚮往。在六月中旬，由孫鏡亞陪我到莫利哀路二十九號去晉見國父。那天談了約二十分鐘的話，國父是世界知名的偉大人物，然而他對一個青年學生的誠懇親切，使我很感動。那年十月八日，他在寰球中國學生會演講「救國之急務」，我也在座聽講。聽的人非常擁擠，連樓梯上都站滿了。國父講話時，語氣很溫和，並不激昂慷慨，可是聽眾自然而然地受他感召，這就是吳稚暉先生所講「自然的偉大」了。他那天主張救國只有兩途，一是恢復國會，一是從頭再舉革命。我聽過後向他上書說恢復國會恐怕還不能解決中國問題，只有實行革命，推翻北洋軍閥，中國才有救。蒙他親筆作復，對我勉勵有加。（這封信在屢次動亂中遺失，真是莫大憾事。）此後我曾數次到他寓邸請益。有一次另有一個英俊的中年人在座，國父起初並沒有介紹。當我報告煙臺海軍學校學生反對軍閥、實行罷課，現在派了代表來上海請求援助時，那位中年人就插嘴說：「你可以叫他們來跟我談談。」我正要請教他尊姓大名，國父對我講：「這位是蔣介石先生。」這是我第一次見到繼承國父革命事業的領袖。

民國九年初，我另外遇見過一個人，也值得一記，那就是第三國際的東方部主任胡定斯基（Gregory Voitinsky）。那時儘管蘇俄內部問題還未解決，列寧對於遠東地區已經非常注意，所以派胡定斯基東來，想煽起共產革命。他到上海不久，就託人約我和狄侃、何世楨等到他在虹口的寓所談話。見面後，他問了問學生運動的經過，就大做其宣傳工作，講中國只靠政治革命是不夠的，必須同時有社會革命，才能脫離帝國主義的控制。當時我們對於共產主義所知很少，只覺得俄國革命方式不適用於中國，因此和他談了兩三小時，得不到結論，以後他就沒有再約我們會面了。上海學生運動在初期動機很純潔，只知道愛國救國，絲毫不雜有其他觀念。不幸的是民國十一年以後共黨分子逐漸滲透到學生會裡面來，以致學生會成為共黨的外圍組織，那真是我們創立學生會的人所意想不到的事。

民國九年六月，江西省舉行公費留學生考試，我來不及參加復旦畢業考試就回南昌去應考。錄取後又到北京去應北京教育部的複試。那時北京政府各機關辦事真是顢頇萬分，各省初試及格的人七月初就齊集了，一直等到八月中旬才考試。我在北京幾乎住了兩個月，親自看見直皖軍閥為爭權位，爭地盤作戰，及段祺瑞、徐樹錚失敗的一幕醜劇。考試前我還感染瘧疾，勉強參加，幸而還是考取了。

九月我回鄉間，料理家務，和籌備出國手續，這樣結束了我在國內的學生生活，但是海外的學生生活又將開始了。

（原載《傳記文學》第一卷第七期）

美洲負笈

四十年前的知識青年，也和現在的知識青年一樣，總想在受過高等教育後出國去深造，我自然也不是例外。我希望去的國家是美國。這因為：第一、美國是英語國家，語言上無困難。第二、美國是建國以來突飛猛進的共和國，有許多地方值得我們這個新創立的共和國取法。然我的家庭經濟狀況是沒有能力供給我留學費用的，幸而民國九年江西省有公費留學生考試，我考取了，才實現我的志願。那年秋間我將家事料理一下，就到上海去辦理出國手續。我是公費生應該很順利，可是向外交部江蘇交涉員公署電請一張護照（那時護照是單張不同現在的一本小冊），足足等了三星期才到手，拿去向美國總領事館簽證，領事館人員一看我的公費證明文件和種痘防疫證明書，十分鐘內就將手續辦妥了（這和現在出國留學領護照容易而簽證困難，恰恰成為對比）。這樣，我就在十一月七日乘坐掛中國國旗的南京號郵船，離開上海。

南京號噸位是一萬五千噸，在當時航行太平洋的郵船中，已經不算小的了，可是到了汪洋大海上，風浪一起，就顛簸得同小孩玩具一樣。我第一次航海，船出吳淞口不久，我就眩暈，睡在床上不能動，足足睡了兩天才勉強起床，到甲板散步，到餐廳進餐。過了幾天，養成習慣，風浪再大也不在乎了。南京號頭等艙乘客有一百多個外國人，三十多個中國人，其中有駐墨西哥公使王君和他的館員，有三五個由國內返美的華僑，此外就是留學生（那時留學生去美必須坐頭等艙，否則入境時美國移民局可能認為是勞工，就會發生麻煩。）其中最令人注意的是袁世凱最小的兒子克安，和幾個孫子，由東吳大學一個美國教授率領，到美國去進中學。船上有各種娛樂和遊戲，又有一個小型的圖書館，還舉行過幾次同樂晚會。過橫濱和檀香山時中國乘客結隊上岸遊覽。這樣很快地渡過了三個星期，在一九二〇年十一月二十八日到達舊金山。

船靠碼頭，移民局入境手續辦妥後，我就和來接我的復旦同學，渡過海峽，到加利福尼亞大學所在地的卜克利（Berkeley）。他們住在厄梯納（Etna）街中國學生會會所裡，所以我也住在裡面。（這棟房屋現在還是學生會會所。）美國給我的第一次印象實在太好了。因為加利福尼亞氣候溫和，十一月底和江南的初秋一樣，白天出去根本不必穿大衣，而且天天晴朗，陽光普照，精神上感覺愉快。加上卜克利是一個五萬人口的小市，住宅區街道寬大整潔，家家房屋式樣都不同，門口都有草地，種樹木和花卉，而且大家都不砌圍牆，那時有些樹葉還沒有凋落，有些花卉也正在開放，所以在人行道上望過去，整個街道就像大園林一樣，顯得異常美麗。我在卜克利住了一星期，參觀了加利福尼亞大學，遊了舊金山的金門公園和唐人街，就乘火車去中部了。

到美國去當然是想進最著名的大學，如哈佛、耶魯、哥倫比亞、普林斯頓之類。可是這些大學收的學費都很高，而江西公費只有九十美元一月（包括學費在內），負擔不起，不得已而思其次，就想進中部的學府。芝加哥大學歷史雖短，卻是中部負盛名的一個學府，而且我報考的哲學系，芝大的哲學系也很著名，所以就選擇了芝大。可是我一到芝加哥就使我大失望。所以失望不是對大學不滿意，而是對這個都市不滿意。拿芝加哥和卜克利比較，那真是相去懸殊。卜克利的天氣是晴朗的、溫和的，而芝加哥的天氣是寒冷的、晦濕的。我初到時在青年會旅館裡住了一星期，一出大門，由密西干湖面上吹來的冷風，使我穿了厚大衣依然顫慄。風大的時候，連舉步都很困難。整個冬天在芝加哥看不見幾天陽光。卜克利的環境是美麗的、寧靜的，而芝加哥的環境是污穢的、嘈雜的。冬天的芝加哥看不見一點青葱的顏色，甚至看不見一點白色。天是灰色的，市中心的高樓整個是灰色的，甚至芝大的校舍和校舍附近的住宅，也是灰色的。芝加哥的工廠特別多，煤煙特別重，穿了新襯衣上街，半天回來，領子已經成了灰色了。所以大家造房屋都用灰色的磚，或將木板漆成灰色，因為即使用他種顏色，也很快會變成灰色的。（這是四十年前情形，現在已有相當的改善。）芝加哥那時有二百多萬人口，又有高架鐵道，所以市中心區異常喧囂。我恰好湊上聖誕節購買禮物的熱潮，一到大商店附近，人行道上真是人山人海，我簡直是被人群裹脅著走，想掉個方向回頭走，簡直是不可能的事。因此，我一到芝加哥就後悔，沒有留在卜克利，進加利福尼亞大學。

芝加哥大學和一般美國大學不同，採的是學季制（quarter system）。每一學年分做三學季，如果學生在暑假照常讀書，他就可以讀四學季，讀滿十二個學季就可以畢業。因為一學季只有三個月，所以第一學季在十二月底就結束。過了新年第二學季開始，我就註冊入學，而且遷到大學附近私人公寓裡居住。當時美國大學對中國大學的畢業證書多半不承認，一定要補足若干學分，才能得學士學位，才能進研究院，因此我只能選大學本科的功課。我雖則考取的是哲學門，可是我對哲學的興趣還不如對政治學興趣那樣濃厚，所以我選修了兩種哲學、兩種政治學的功課，芝大儘管是第一流的學府，卻不見得每一個教授都是知名學者。那一學期給我上課的教授、副教授，並沒有引起我特別的敬仰。只有教市政學的教授領了學生去參觀赫爾院（Hull House），參觀監獄，參觀股票交易所等，引起我很大興趣，也使我了解美國許多政治和社會問題。

芝大圖書館藏書很豐富，而且取書也非常迅速。我上課的教室就在圖書館裡，每天上課的時間多則三小時，少則兩小時，一下課就到大閱覽室去借參考書閱讀，在這裡得到許多益處。我常常想一個大學生，尤其研究生，要想學問進步，只有靠自己用功，教授至多只能指點你一條路，假如你自己不肯照他的路去走，天下第一流的名教授也不能把學問灌輸到你腦筋裡去的。

講到芝大圖書館，我聯帶想起一個故事。一九二一年春天，江蘇省幾個教育家，袁希洛、賈豐臻等，組織一個考察團，到美國考察教育。到了芝加哥，自然要參觀芝大，當然大學派員，同時中國留學生中也有人陪同參觀。參觀了兩小時後，回到辦公室忽然發現少了一個人，於是大家分頭去找，結果在圖書館裡找著了。原來這位先生看見這麼多圖書，看出了神，大家離開時他沒有注意。等到後來發覺大隊已走，他才著慌，可是既不認得路，又不能講英語，無法問人，只好坐在那裡靜等了。第二天芝大就盛傳中國考察人員在圖書館裡失踪，我們聽見了，哭笑不得。

芝加哥大學是美國煤油大王洛克斐勒捐助一筆巨款設立的。照常理講既然是資本家捐款辦的學府，自然免不了帶有資本主義的色彩。實際上洛克斐勒對學校行政完全不過問，芝大政治系經濟系的教授，也是不滿意於現狀的人多，而為資本主義鼓吹的幾乎沒有。只有兩件事看得出洛克斐勒和芝大的關係，那就是圖書館裡掛了一張洛氏的油畫像，和芝大一覽封面上的印有洛克斐勒創辦（founded by John D. Rocke-feller）幾個字，這幾個字特別小，小到你不注意會看不出。

一九二一年四月初，我在芝大讀完了一學季，因為對環境不滿意，就想轉學。其他大學採學期制，無法轉學，所以就轉到威斯康新州的里朋學院（Ripon College）去。這個學院也採學季制，所以正好銜接。里朋是個小鎮，只有四千多人口，非常清靜。里朋學院只有四百多學生，因此大家和一個大家庭一樣，不像加大、芝大那種學生多的大學，除了同班上課的人，彼此見面不會認識，甚至就是同班的人，教室外也很少打招呼。學院裡有日本留學生、印度留學生。卻從來沒有過中國留學生，所以我去後，大家很注意。常有人問我有關中國的事物，教會也請我去講中國情形。我在那裡一學季，身體比在芝加哥時好，只是沒有中國同學，有時會感覺寂寞。里朋的生活費用也比芝加哥低廉，芝加哥的房租是每星期五元，里朋我也住在美國人家裡，每月只要十二元。芝加哥每星期伙食費總要十元左右，里朋的伙食每星期不過七元。所以每月九十元的公費可以省下三分之一。可是就在這時，忽然收到駐華府留美學生監督嚴恩櫄的一封通知，說因為各省留學生經費常常不寄來，所以從六月份起公費不能按時發給。這樣一來，我的吃住都成了問題，幸而里朋有一家華僑洗衣店，我就向店主人借錢，才維持下去。後來向嚴監督再三交涉——當時江西省並沒有欠付公費，而是有些省欠——才斷斷續續地寄錢給我。

一九二一年秋季，復旦同學何葆仁由西雅圖的華盛頓大學轉到厄爾般那（Urbana）的意利諾大學，我也就轉學到意大去了。意大是中部州立大學中有名望的一個，規模宏大，那時學生已有九千人，現在的學生達到兩萬六千多人。厄爾般那和香檳（Champaign）兩個小市連在一起，意大校區恰好在兩市中間。兩市人口合計不過三萬多人有都市的設備而沒有都市的喧囂，很適合我的要求。惟一缺點是附近地勢太平坦了，沒有一點山水之勝。生活費用比里朋略高，然而比芝加哥低廉，除了每學期繳納七十五美元學費外，每個月食住零用有六十美元就夠了。我那時隔兩三個月可收到留學生監督處一筆公費，一面替金山和西雅圖華僑辦的報紙寫文章有點收入，就這樣渡過了兩年。當時有些自費同學比我還節省，他們合夥租房子，自己打掃，自己烹飪，每個月用不到五十美元。

我到意大以後，放棄了哲學，而轉到政治系，因為要補學分，所以還是從大學本科讀起。尤其意大規定，要得學士學位的人，必需要讀三門數理科目，我在復旦根本沒有學過數理，只好選了代數、植物學和無機化學。上課以後，我才發現意大所教的無機化學（當然是教化學系一年級生和其他院系各年級生選修的），並不比我在心遠中學四年級所學的無機化學更深，代數也比我在心遠所學高不了許多。因此我雖不看數理書籍已經五年多，學期終了後，我的代數和無機化學的成績都是A。除了數理外，我所學的主要是政治和歷史方面的科目。意大政治系和歷史系有好幾位知名的教授，如同系主任加納（Garner）是國際法的權威，同時他所著的《政治學綱要》（Intro-duction to Political Science）也是當時在美國大學流行的教本。費利（Fairlie）專攻政治理論，麥休（Mathews）專攻政治制度，白爾多（Berdahl）專攻政黨政治，都有著作。遠東歷史的格林（Greene）和教歐洲歷史的萊拜耳（Libyer）都負盛名，而且教學的方法也非常好，所以我進意大後，在學問方面得到很大的益處。

一九二二年六月我得到學士學位。暑假後就進了政治研究所。意大除了總圖書館外，還有分科圖書室。社會科學各系和研究所都設在林肯館（Lincoln Hall））裡面。政治系的教室在三層樓，圖書室和研究室也在三層樓。圖書室裡四週是書架，陳列了大約三萬冊書籍，中間是幾排桌椅可容一百五六十人閱讀，我所需要的參考書都可以在這裡找到，根本不必去總圖書館。圖書室是公開的，任何人可以進來，裡面有一間研究室，就只有政治系教授和政治研究所研究生——學生分本科生及研究生，教授不分——可以利用。我做了研究生後，就在研究室裡上課，也在那裡讀書。那年政治研究所研究生只有四個人，其中兩個美國人，兩個中國人——我和何葆仁。這兩個美國同學都是半工半讀，經常在外面做事，所以研究所裡經常只有我們兩人在那裡看書，成為中國留學生專用的研究室了。

何葆仁君比我早到美國半年，所以比我早得碩士學位，我進研究所時，他已經讀博士學位。我和那兩個美國同學（一個是赫耳謨Helms現任俄海俄州立大學政治系主任，另一個是麥加西McCarthy我不曉得他現在情況），都讀碩士學位，不過大多數課是四個人在一起上的。研究所功課教授講解的時候少，而由學生共同討論的時候多。每一門課都要看許多參考書，然後提出學期報告（term paper）由教授評分。此外政治歷史兩系的教授和研究生，還組織了一個學術團體，叫蒲萊士社（Bryce Club）——名稱是用來紀念寫美國共和政治（American Commonwealth）和近代民主政治（Modern Democracies）這兩部名著的蒲萊士先生的。——經常開會，討論有關歷史政治和國際局勢各項問題。

我的碩士論文原來選擇了「美國政府行政權力擴充問題」，後來加勒教授指點我這個題目不容易寫，因此我就改寫「一八九九年以後的中美關係」，由門戶開放政策寫起，到華盛頓會議為止，一共用了半年的時間，寫成四萬字左右。一九二二年六月中旬，我和赫耳謨、麥加西一同參加碩士論文口試，政治系教授全體出席。意大當時口試辦法，和現在中國大學研究所口試辦法不同，中國現在是一個一個分別問的，意大則是應試的人坐在一起，然後再分別問。我恰好排在第三，在口試場等候兩小時，才輪到我，那一段等待期間心理是栢當緊張的。口試結果三值人都及格，六月底我參加意大的畢業典禮，由校長金尼博士（David Kinney）頒給證書。那次得博士碩士學士學位的一共有兩千多人，學生家長來觀禮的也有好幾千人，典禮進行了快三小時才完畢。

我在意大時，中國學生多到百人左右，租賃了一幢房屋做學生會會所，有七八個同學住在裡面。學生會經常擧行各種活動，如同演講會、辯論會、同樂晚會等。每年國慶擧行大規模宴會，招待美國教授和同學，有一次金尼校長親目參加，並發表演說。一九二一年冬天，美國召集華盛頓會議時，中國同學恐怕北京政府在會議中和日本妥協，有喪權辱國的行為，曾開會多次，商量對付，並且由我起草了一篇宣言，對北京政府的態度表示不滿。

意大的教授對中國學生的成績一般地講，都很滿意（當然有少數例外），當地人民和中國學生，也處得很友好，我在那裡兩年，沒有發生任何糾紛或不愉快的事件。可是一九二三年五月，孫美瑤在山東臨城來一個劫車案，將若干美國人綁到抱犢崮去，敲了一筆竹槓才釋放。這件事成為報紙頭條新聞，許多美國人認為拳匪思想在中國又復活了。在這時間，中國同學簡直沒有臉見美國教授和朋友，只好躲在家裡不出去。

我在意大兩年，認識了美國人在兩方面所表現的不同性格。一方面在圖書館裡面，實驗室裡面，我看見美國的教授、研究生，甚至大學本科的學生，埋頭做研究工作，他們悶聲不響，日以繼夜地絞腦筋、動筆桿，或者聚精會神的注視儀器。另一方面我在校區裡，又看見美國同學對於各項團體生活——如同演講、辯論、寫作、音樂、跳舞、戲劇、各種遊戲和各項運動等——情緒的熱烈。這種熱烈情緒尤其在足球比賽上可以看出來。意大參加中部十大學足球錦標賽，比賽前夕，在體育館裡舉行大會，來對球員打氣，校長和許多教授都參加。他們所講的話使得聽眾感覺，這次球賽，簡直是美國建國以來第一件大事，非拚命奪得錦標不可。比賽時更是人山人海，將可容幾萬人的看臺，擠得滿滿地。校長、教授、學生和他們的眷屬統統到場，替球員打氣。勝了大家懽欣鼓舞，熱烈慶祝；敗了大家垂頭喪氣，如遭災禍。美國人這兩種性格，表面上好像是相反的，因為埋頭研究需要冷靜的頭腦，而在各種比賽上，則幾乎失去理智，完全由熱烈的情緒支配。實際上這兩種性格可以說是相輔相成。前者是美國科學和文化進步的泉源，而後者是美國一切事業突飛猛進的動力。這兩方面都值得我們中國人取法的。

講到學生生活，四十年前比到現在保守得多。那時美國女子人人梳髻，我在芝大、意大的時候，十個女同學中看不到一個剪短頭髮的。現在青年女子冬天穿長褲，夏天穿短褲，不穿襪子，四十年前也是很少看見的。男同學在很熱的天氣也只是將襯衫袖子向上捲起，而沒有著夏威夷衫的。甚至跳舞，那時也只有華爾茲、狐步和卻爾斯頓等，現在流行的搖滾舞、扭扭舞，聯想都不會有人想到。同時儘管美國在第一次世界大戰以後，已經成為世界上最富強的國家，可是四十年前美國的物質文明，比到現在，實在差得很遠。那時飛機已經有了，可是全美國沒有一條定期航空線。汽車已經很普遍，可是公路還不十分發展，也不夠好，所以汽車的用途還是限於市內和近郊。長程交通工具只有火車，而火車速度比現在差得多，由舊金山到芝加哥要走三天三晚，現在只要兩天兩晚了。電視固然沒有，連廣播也才開始。芝加哥是一個二百多萬人的都市，當時如果那一家房頂上裝有天線，就會引起行路人的注意，可見有收音機家庭之稀少了。那時打電話是要向接線生報告號碼，然後由接線生替你接通。我在芝大時，有人說蔣來電話，可以直接撥號通話，大家都不大相信，以為是理想。電影還在無聲階段，有聲片還沒有發明，更談不到彩色片。由這幾件事可以看出（用現在的眼光來看），美國當時情形是相當落後，正如再過四十年回頭看現在的情形一樣，大家一定都會感覺現在是如何落後的。我離開中國後，對國內的革命活動自然無法參加，可是在留美期間有兩件事也值得一提。第一、一九二一年五月國父在廣州就任非常大總統職，我看見這消息後，非常興奮，就去函道賀，並且貢獻幾點意見，蒙國父叫祕書代復，表示嘉許。革命政府成立後，不久就平定兩廣，當時我對中國前途很樂觀，不料到一九二二年六月，陳炯明叛變，使得前功盡棄。第二、我加入了中國國民黨。我在上海做學生時，就服膺三民主義，但是沒有機會入黨。到一九二三年春天，才由邵元冲、劉蘆隱兩人介紹，正式入黨。照當時的規定，在美洲入黨是要繳納一筆相當數目的黨費的，我是一個窮學生無法繳納，就由邵元冲函請國父特准免繳。（原函和批示現在還保存在黨史史料編纂委員會裡。）以後留學生入黨，就都援我的例免繳入黨費。

我留美三年，因受經濟限制，不敢做遠道旅行，連紐約、華盛頓、波士頓等地都不能去遊。只是在一九二一年夏天，到威斯康新大學所在地瑪迯遜（Madison）去訪元冲，住過五天。在意大時又去遊過意利諾州首邑春田（Springfield），瞻仰林肯的故居和墓地。一九二三年七月我得碩士學位後，曾到本頓港（Benton Harbor）附近一個農莊，一面幫農莊做工，一面等於避暑。八月我受加拿大都朗度（Toronto）國民黨同志所辦《醒華日報》的邀請，前去擔任總編輯。在辦理入境手續的時候，我又遊了薄波湖（Powpon Lake）就和美國分別了。

一九二三年六月，我在意利諾大學得到碩士學位後，本來預備留在原校繼續讀博士學位，可是江西省公費時斷時續，必須要找一個固定工作，先解決生活，才能繼續我的學業。意大所在地是一個小市，無法找到工作，只好遷地為良。恰好都朗度（Toronto）的《醒華日報》約我去擔任總編輯，每月薪水是加金一百二十元，生活可以安定，同時都朗度大學是加拿大最著名兩個學府之一，——另外一個是設在蒙特里莪（Montreal）的麥紀爾大學（Mc Gill University）——我照常可以攻讀學位，因此我在那年八月初就由美國到了加拿大。

都朗度是昂推立莪省（Ontario）的首府，當時人口在五十萬左右，是加拿大第二大都市，——最大都市是蒙特里莪，人口將近百萬。都朗度大學是省立學府，學生五千多人，當時自誇是不列顛帝國裡最大的一所大學。九月都大開學，我就註冊成為博士學位研究生。我所選的當然還是政治系的功課，在這一點上，都大和美國大學相同，研究生和大學本科生屬於同一系，而不像中國研究所和系分開。政治系主任麥紀弗（Mac Iver）教授是一位國際知名的政治學和社會學者，他的著作很多，後來轉到哥倫比亞大學做教授，我一九四七年到紐約時，還見到他。政治系本科生已經不多，研究生更是寥寥無幾。我因為已得碩士學位，選讀的功課很少，每學期不過兩門，每星期上課最多只有六小時，主要的工作是寫論文和應考試。都大當時中國學生很少，研究生只有我一人，在大學本科的有黃理中、張伯懷兩人，是由國內教會派去的；當地華僑子女進大學的也只有四人，合起來只有七個人，可是我們還是成立了一個中國學生會，每學期總要集會兩三次，有時還請知名人士來演講。

都朗度大學的制度，是仿照英國牛津、劍橋兩大學的。大學裡設了好些學院（Colleges），可是這些學院並不像中國大學的文學院、理學院等，照學科性質來分，而是供學生居住的宿舍。學生在學院裡面過共同的生活，然而卻不一定在裡面上課。不過有一點和牛津、劍橋不同，就是牛津、劍橋的學生必然要加入一個學院，都大的學生可以隸屬於學院，也可以在外面，根本不屬於任何學院。都大每一系的教授都不多，所開的功課也很少。教授上課時必然穿學位服裝，這幾點也是仿效英國而不像美國大學。

我在都朗度住了一年九個月，在最初一年多，我大部分時間是用在辦報上，一部分時間是用在黨務上。《醒華日報》是一九二二年底創辦的，總經理是華僑同志何夢麟君。因為當地找不到適當的人來主持編輯方面的工作，就只好在留美學生中來物色。第一任總編輯是芝大同學王登雲君，他只做了四個月就辭職了。第二任總編輯是復旦同學黃季陸君，他做了幾個月也亟於想回國。因此邵元冲君就推薦我繼任。那時海外黨部所辦報紙的總編輯，雖則由當地黨部洽聘，但是洽定以後照例呈請總理正式任命，因此就奉到了總理的任命狀，這是我第一次擔任黨裡的職務。我未到都朗度前，心想既然是一家日報，總有相當的規模，儘管不能和美國的報紙比，但是比國內的報紙應該差不多。到館以後才知道不是那回事。《醒華日報》完全是靠都朗度和附近各市的同志一片熱誠辦起來的，根本沒有基金，而且加東華僑人數不多，銷路也難推廣，因此創辦以後，經濟情形異常困難，一切也只好因陋就簡。報紙每天出兩大張，排字工人（都是國民黨同志）有七八個人，經理部也有三個人，可是編輯部除我以外，只有一個華僑同志，翻譯幾條當地新聞，其他工作都由總編輯包辦。幸而我到館後，季陸還留下來兩三個月，我們合作了一個時期，他一走，我就等於唱獨腳戲了。每天需要一篇社論，報館約了三四位留美學生寫社論，每星期大概可以收到三篇，另外三篇——星期日不出版——就只好由我動筆了。國際新聞和加拿大的重要新聞也由我在當天的美加報紙擇要翻譯，一天總得要二千字左右。本國新聞是從香港上海寄來的報紙剪下轉載。國內特別重大的事由駐廣州一個通訊員用電報拍來，為簡省經費，電文普通只有寥寥幾十字，我卻要用判斷力將它擴大成為幾條有頭有尾的新聞電訊。除了社論新聞以外，副刊材料也由我蒐集，而一切校對工作也都是由我擔任。因此，我每天早晨八點多鐘到報館，一直要到下午三時當天的報紙出版，才能離開。有時晚間在寓所裡還要寫社論，或準備明天的新聞稿。在這種忙碌情形下，要想多用時間研究學問，簡直是不可能的事。

都朗度是加拿大東部國民黨黨員最多的地方，所以設立了一個加東總分部。當時海外黨部還是採用首長制，總分部有一個部長，由黨員大會選舉。一九二三年底總分部改選時，各同志一致推我擔任部長，因此我就要分一部分時間來做黨務工作。海外黨務工作最重要的是宣傳。總分部因為有《醒華日報》，所以宣傳工作就由《醒華日報》擔負了。其次是籌款，當時每個黨員都要擔任月捐，照各人經濟能力自行認定，所籌得的錢一小部分用在當地黨務開支，大部分都寄回廣州，做國內革命運動經費。這是經常捐款，此外還有特殊捐助。我在都朗度時就辦過兩次募捐。一次是為《醒華日報》籌集基金，另一次是籌款創辦紀念朱執信先生的執信學校。這件事先由馬素博士和陳璧君，後來由李佩書女士來加拿大辦理，都由我陪同，到加東各埠去訪問同志，請他們解囊。那時僑胞都是小本經營，完全靠勤儉兩個字才能和加拿大人競爭，可是捐起款來，大多數人都很慷慨。我還記得有一次和佩書到哈彌爾頓（Hamilton）一家很小的洗衣館裡面，只有一個中年的僑胞在工作，顯然他既是老闆，也是工人。我們說明來意後，他立即拿出錢袋，數了五張鈔票交給佩書。我起初以為一共五元，已經不算差了，仔細一看，原來是五張十元的鈔票。這五十元加金可能代表這位僑胞半個月的收入，但是他毫不遲疑地捐獻出來，使我們非常感動。

我一個人編輯《醒華日報》而且要兼辦黨務，實在太忙，所以到一九二四年六月，報館銷路和廣告增加，經濟情形較為穩定，就加聘了留美意大同學賴景瑚君做編輯來協助我。到了十一月，我就呈請總理，准我辭去總編輯職務，並且推薦景瑚繼任，總理核准了，我才能專心致志寫我的博士論文。論文題目是〈加拿大的東方移民（Oriental Immigration in Canada）〉。我所以選擇這個題目，是因為這是一個實際影響亞洲國家和加拿大關係的問題，而從來沒有人做過深入的研究和寫過一本完整的著作。所謂東方移民，包括中國人、日本人，和印度人，其他東方國家的人在加拿大簡直沒有。加拿大和美國一樣，對東方來的移民最初歡迎，後來排斥。由一九〇二年以前中國工人入境要繳納一百元的人頭稅，到一九〇四年又提高到五百元，加拿大政府以為如此就可使中國工人裹足不前了，不料中國工人還是願出高價取得入境權利。一九二三年加拿大議會就通過新排華法案，根本禁止華工入境。當時全加華僑曾盡力反對，加拿大人中也有些替中國人呼籲，可是排華法案依然通過。至於日本因為是世界強國，印度是大英帝國的殖民地，所以就採用其他方式來限制他們移民。我的論文就是要從東方人民開始移殖加拿大起，一直到一九二三年止的移民經過，和加拿大對付這個問題的政策，源源本本地講出來，供研究國際關係的人做資料。

都大圖書館有若干研究室是專門供研究生寫博士論文用的，我很幸運能借用一間研究室，將需要的書刊統統取出來，擺在裡面，隨時查考。關於東方移民的書籍很少，一切資料都要從報章雜誌和加拿大議會以及英屬哥倫比亞省（British Columbia）省議會的紀錄裡去尋覓。為了蒐集資料，我還特地去加拿大首都渥太華（Ottawa），在議會圖書館裡看了幾天書，並且訪問了當時加拿大首相麥肯西金（Me Kinzie King）的私人祕書，詢問他加拿大政府對這問題的態度。當時我每天吃過早餐八點鐘就到研究室，中午出來吃午餐，下午一點鐘又進去，六點出來吃晚飯，七點又進去，一直到十點鐘圖書館關門才出來。一天整整有十二小時在研究室，這樣工作了半年，我的博士論文大體完成，才鬆了一口氣。

一九二五年三月十二日，總理逝世，都朗度同志和僑胞在月底舉行了一個大規模的追悼會。那時海外黨部也改組，由首長制改為委員制，加拿大的國民黨總支部是設在加西溫哥華（Vancouver）的。原來加東加西同志之間有誤會，感情不很融洽，大家都想利用這個機會，使雙方誤會消釋，重歸於好。因此，總分部同志就推我做代表（當時我已不再擔任總分部部長），到溫哥華去和總支部同志洽商團結。我在那年五月初離開都朗度。本來沿途不停，三天就可到達，可是我想利用機會看看各地黨務和僑情，所以在溫尼迫（Winnipeg）、雷金納（Regina）、沙士咯通（Saskatoon）、卡加利（Calgary）、本甫（Banff）、勒維斯托（Revelstoke）、甘姆魯卜（Kam-oopa）等地，都停留三四天，訪問僑領和同志，在路上足足走了一個月，才到溫哥華。

我在溫哥華住了將近一年，除了協助當地同志，將總支部改組，產生了執行監察委員會，我也當選為執行委員外，還在總支部所辦的加拿大晨報裡面擔任編輯，拿薪水來維持生活。我初到時，正值上海公共租界發生五卅慘案，造成學生罷課、工人罷工、商人罷市的局面。接著六月二十三日廣州又發沙基慘案，造成廣州和香港的大罷工，國民政府宣布對英經濟絕交。加拿大僑胞對英國的暴行也義憤填膺。溫哥華中華總會館成立後援會，支持祖國同胞的抗英運動，我在宣傳和策劃方面，都幫助他們。因為英屬哥倫比亞省是華僑移殖最早的地方，也是人數最多的地方，因此排華運動也以這省最激烈。我利用機會在溫哥華和首府維多利亞（Victoria）搜集了許多資料，並且訪問了若干教育界、工商界，和報界人士，探詢他們的意見。日本僑民也聚居在英屬哥倫比亞省，所以我又有機會考察日僑社會的生活。我的論文經過補充，內容更加充實，到一九二六年一月脫稿，全文在十二萬字左右。到一九三一年，由上海商務印書館印行，可惜一九三二年淞滬戰爭時，商務印書館在上海寶山路的總館被炸毀，加拿大的東方移民紙型，也和其他許多書籍的紙型，一齊燒掉了。

我在溫哥華時，還參加了兩種國民外交活動。第一、英屬哥倫比亞大學裡有十幾個中國、日本，和印度學生。中國和日本學生大都是土生而有公民身分的，可是因為加拿大人對東方人歧視，他們都感覺受到不平等的待遇，因此大家就聯絡起來，組織了一個東方學生會。我並不是哥大學生，可是因為我還在都大研究，所以他們邀我入會，並且舉我做會長。每次集會時我都拿國父民國十三年十一月二十八日在日本神戶所講「大亞洲主義」的道理和他們講，強調亞洲民族如果不能團結，就無法擺脫西方帝國主義的枷鎖，尤其希望日本以世界強國的資格，要做「東方王道的干城」，而不可做「西方霸道的鷹犬」。他們聽了當時都表示贊成，不過日本學生是否真心願和中國學生合作，我就不敢斷定了。第二、加拿大人雖則排斥東方民族，可是也有少數人了解民族間的仇視就是戰爭的原因，他們經過第一次大戰的痛苦，自然想避免第二次的戰禍。我在溫哥華的時候，當地一部分有遠見人士，包括律師、醫師、教員、新聞記者，和家庭婦女等，組織了一個國際聯誼社，邀請中、日、印度人士參加，來溝通情感。開成立會那天，我講了幾句話，說明國民黨的民族主義，一方面要求中華民族從帝國主義壓迫下得到解放，另外一方面卻主張世界各民族一律平等，彼此講信修睦，戰爭自然不致發生。我講後得到熱烈的掌聲，並且被選為副會長。國際聯誼社成立後，每月舉行聚餐一次，請人講演，繼以討論。我曾講「中國的過去和現在」，那次有一百多人參加。

我在美國時專心求學，很少和華僑接觸。到了加拿大，因為辦報和辦黨，就天天和僑胞在一起了。僑胞都來自廣東的臺山、新會、恩平、開平四個縣，尤其以臺山人為最多。我和他們接觸多了，自然而然地懂了「唐話」（僑胞自稱是唐人，他們講的話是唐話，叫祖國做唐山），可是講起來還是生硬。加拿大華僑當時只有五萬人，較美國華僑少約兩萬，同時因為加拿大的工資較美國低，所以他們的經濟情形也較美國的僑胞差。極大多數都是靠做工維持生活，有兩三萬加金的（加金和美金比，有時高一兩分有時低一兩分錢），就算小康之家，有十萬加金財產的不過十多家，其中有一家有五十萬的家產，就算華僑中的首富了。國父曾經在一八九七年和一九一〇年兩度遊歷加拿大，為革命籌款，因此加拿大西部許多中年的僑胞，都曾瞻仰過國父的丰采。溫哥華有一位廖醫師（名字我已記不起來），青年時和國父在香港雅利士西醫書院同學五年。國父學的是醫科，廖學的是牙科。後來他到了加拿大，就一直在溫哥華開業。我到溫哥華時，他已經過了六十歲，可是精神很好，而且國語講得很流利，我常常到他診所閒談，聽許多國父學生時代的軼事。

我在加拿大將近三年，中間曾經三度回到美國。第一次是一九二四年六月，我遊歷了底特律（Detroit）、克里夫蘭（Cleveland）、華盛頓、紐約等都市。在紐約時，以新聞記者身分，到民主黨全國代表大會去旁聽，親自看見了美國政黨活動情形。第二次是一九二五年六月，我在溫哥華時，到西雅圖去看復旦幾個同學，同時去遊了倫里耳雪山（Mount Rainier）。第三次是一九二六年五月，我從溫哥華回到都朗度，向都大繳納論文，並且參加博士考試。考試及格後，我沒有等畢業典禮，就離開都朗度又到美國。先在安亞堡（Ann Arbor）密西根大學所在地和朋友盤桓了幾天，再到巴佛羅（Buffalo）、阿爾班尼（Albany），沿赫員河下駛，參觀了西點陸軍軍官學校，然後到紐約，轉到費勒德菲亞、辟茲堡、哥倫布（Columbus，俄海俄州立大學所在地）、芝加哥，每處都停留三、四日，訪問朋友和參觀當地的名勝。七月初經由西雅圖回到加拿大的維多利亞住了兩三天，就在那地方登上駛往上海的總統號輪船，離開了勾留了五年半的美洲，也結束了我的學生生活。

（原載《傳記文學》第二卷第一、二期）

我所親歷的四一二事變

民國十五年六月，我在加拿大都朗度大學獲得了博士學位，結束了六年的留學生活。七月就乘船返國，八月抵達上海，轉回江西掃墓和訪問族人親友。九月重到上海，在兩個私立大學教課。那時國民革命軍已經誓師北伐，十一月初克復南昌和九江，不久江西全省底定，我應邀返省，參加實際革命工作。當時國民革命軍進展異常迅速，北洋軍閥節節敗退。加上民心完全傾向於中國國民黨，軍閥部隊到達一個市鎮，老百姓扶老攜幼躲藏起來，軍閥部隊想找人引路或做挑夫，也找不到，想搶劫食物也搶劫不到。國民革命軍部隊一到，老百姓站滿街頭，自動送茶水、物品勞軍，自動擔任挑夫和嚮導。由民心的向背，可以看出軍閥必然失敗，國民革命軍必然成功。可是革命的對象已經到了末路，而革命陣營本身也發生了嚴重的危機，那就是中國共產黨的顛覆陰謀。

民國十三年總理容許中國共產黨黨員以個人資格加入中國國民黨時，李大釗等人曾經公開聲明，服膺三民主義，決不在國民黨內做共產黨的活動。可是他們入黨以後，立即違背約言，暗中做顛覆本黨的工作。民國十四年總理逝世後，這種陰謀更加積極進行。那時繼承總理領導國民革命的，是蔣介石先生。蔣先生認為革命第一步工作是肅清軍閥，所以主張出師北伐。共黨份子起初則儘量阻撓，等到中央確定北伐大計，並且請蔣先生擔任國民革命軍總司令，共黨分子看見阻撓工作失敗，於是乎表面上參加北伐，暗中則竭力破壞。蔣總司令駐紮南昌後，本來要請國民政府遷移南昌，可是共黨和左傾分子，在中央堅決主張國府遷移武漢。結果國府到了武漢，為共黨和左傾分子所把持，處處與蔣總司令為難。軍閥還沒有消滅，前線還在作戰，而內部的危機卻一天一天顯著，隨時可以爆發。

在北伐以前，江西本來有個祕密的臨時省黨部，完全為共黨分子方志敏、鄧鶴鳴、劉一峯、劉九峯等所把持。南昌克復後，共黨分子公開活動，成立各縣市黨部和民眾團體，主持人也是共黨分子，如南昌市黨部的傅某（名字我已記不起來），全省學生聯合會的鄒努、姜鐵英等。國民黨忠實同志反而被壓迫得抬不起頭來。直等到那年十二月中央黨部丁惟汾、陳果夫先生等，到了南昌，在他們指導下才舉行了全省代表大會，選舉正式執行監察委。我和熊育錫、姜伯彰、段錫朋、周利生、洪軌、王鎮寰等忠實同志都當選。裡面雖則還有若干共黨分子，然而他們成了少數，無法再行把持。民國十六年二月，江西省政府正式成立，主席是李協和先生，民政廳長是楊賡笙，財政廳長是周雍能，司法廳長是徐元誥，都是國民黨老同志，我擔任教育廳長，周利生、王鎮寰擔任委員。黨政密切配合，共黨在江西的勢力逐漸削弱。自然就把我們視成眼中之釘，非拔去不可。

十六年三月，隨著革命軍事的進展，蔣總司令移駐安慶指揮。不久，南京、上海相繼克復，但是共黨分子的顛覆工作也就變本加厲。他們所把持的武漢黨部、報紙和民眾團體，天天詆毀蔣總司令，說他是「新軍閥」。武漢的國民政府對蔣總司令行使職權也儘量掣肘。江西的共黨分子，看見蔣總司令已離開南昌，也蠢蠢思動。當時國民革命軍第三軍駐防江西，軍長朱培德，是國民黨老同志，可是共黨分子卻滲透到他部隊裡，最顯著的就是教導團團長朱德，和政治部主任朱克靖。克復江西，第三軍和第七軍的力量居多，後來第七軍開往安徽，第三軍留駐江西。朱培德認為江西政權一定交給他，不料省政府成立後，主席是李協和先生，因此他就不滿。他部下的師長王均，擔任南昌衛戍司令，有尅扣軍餉行為，以致部隊在除夕鬧餉，受了蔣總司令的責備，也就怨恨。朱培德、王均為這個原因，就聽任朱德、朱克靖，和其他共黨分子，進行反黨部、反政府的工作，他們裝聾做啞，不聞不問。共黨分子得到實力派的支持，氣餤高潮，更加肆無忌憚。所以他們把持的市黨部，公然反抗省黨部，不肯舉行代表大會，實行改組。學聯會就嗾使學生到教廳請願，提出種種無理要求。總工會所組織的工人糾察隊，更任意抓人，造成恐怖局面。三月下旬我受省黨部忠實同志的囑托，到安慶去謁見蔣總司令，當面報告南昌局面的嚴重，建議中央決策，與共黨分家，不可再容許他們潛伏黨內，陰謀顛覆。總司令當時的心情也異常沉重，但還是指示，時機沒有成熟，請大家暫時忍耐。我在三月杪回到南昌，將這番意思轉達各同志，大家都感覺身陷危境，隨時可發生變故，但鑑於責任重大，都主張堅守本身崗位，決不脫逃。果然不到一週，事變就爆發了。

四月一日，武漢的國民政府下令改組江西省政府，任命朱培德做主席，將一班忠實同志都免了職。這個電報在四月二日到達南昌，同時郭沫若也奉了共黨命令潛來南昌，指示機宜，所以當天共黨分子就實行暴動。首先是共黨學生搗毀教育廳，將職員全部趕出去，將房屋封鎖。我那時正在省政府，所以他們未找著我，可是我住在廳內，私人的衣服、書籍等統統損失了。下午我從省黨部出來，在街上遇著共黨學生，就將我抓住。先送到衛戍司令部拘押，衛戍司令部不肯接收，又送到總工會，幾個共黨學生把我縛在椅上，其中一個學生拿出手槍來說：「打死你這個反革命」，就預備扳動槍機。另外一個學生就阻止他說：「對反革命分子不能這樣隨便打死他，應該由民眾法庭審判後正式槍斃」，那人才將手槍收起來。於是乎他們將我鬆綁，關在一間辦公室裡，門外有人看守。那時共黨分子比較幼稚，我身上有一本手冊，記載得有忠實同志的姓名、住址、和屢次商談反共的要點，他們如果得到，很可以按圖索驥去拿人。可是他們根本沒有想到搜查我身體，所以我趁一人被關在房裡時，將手冊上有關各頁扯下來，撕得粉碎，抛在痰盂裡。我被囚禁在總工會大約一兩小時後，羅時實、曾華英、巫啟聖、王冠英、黃北樨、閔嗣禮、許鴻，幾位同志，也陸續被工人糾察隊押送到總工會來，和我關在一間房裡。我才知道由共黨分子指揮的工人糾察隊，拿了手槍木棍等，衝進省黨部，將辦公室搗毀，他們來不及躲避，就被抓住，有一兩人還受了傷。

事變後第二天，共黨分子就在小較場舉行一個民眾大會，慶祝他們的成功。他們將被拘禁的同志，全部押解到大會主席臺上示眾，雙手被反綁在身後而且每個人有兩個糾察隊員緊緊捉住。共產分子一個接一個地發表演說：罵蔣總司令屠殺農工，罵我們是蔣的爪牙，助桀為虐。當時我已置生死於度外，就向擔任大會主席市黨部的傅某講：「可不可以讓我聲明幾句話。」傅某怒目相向說：「你是反革命分子，有什麼資格向民眾講話。」並且叫糾察隊押我到後面去。當時我很氣憤，事後一想，傅某這種舉動可能保全了我的生命，假如當時傅讓我講話，我一定一方面聲明國民黨忠實同志的立場，另外一方面揭露共黨篡奪黨權破壞革命的陰謀。這樣一來，我必然被共黨分子嗾使暴徒當場打死。民眾大會大概開了二小時才結束，我們又被押回總工會。

事變消息傳到上海，蔣總司令立即致電朱培德勸他不可自毀歷史，與共產黨勾結，並責成他保護這批忠實同志的生命，朱培德才下令，將我們由總工會移押到南昌衛戍司令部。那時共黨分子正爭奪江西黨政職位，根本不來注意我們。直到五月初，他們才組織所謂民眾法庭，來審判我們。那一天被審的是我和羅時實、曾華英、許鴻四人。我當然是共黨痛恨的人，羅、曾兩同志因為對共黨鬥爭極熱心，共黨也忌視，許鴻則本是共黨分子，後來轉而反共，所以共黨也恨他。我們是一個一個被審問的，第一個問到我。擔任審判員的共黨分子講：「你為什麼要奉蔣△△的命令大殺農工？」我說：「你所講的大殺工農證據在那裡？」他就講：「民眾法庭是不講證據的，也不需要口供，就可以判罪。」我說：「既然如此，你們儘管判決好了，何必要我答覆呢？」說完，他們就叫法警押我下來，另問他人了。這一幕滑稽戲表演後，我們四人都知道凶多吉少，果然不出三天，所謂民眾法庭，就判決了我們死刑，而且定在第二天先遊行後再槍斃。我在那天連遺囑都寫好了，不料到傍晚時候，衛戍司令王均忽然來看我們，和我們講：「朱主席決不准他們亂來的，你們請放心。」當時我們聽了一方面安心，另一方面也有點摸不著頭腦。以後才探聽出來，朱培德在九江知道這件事，立刻坐專車趕回南昌，在所謂民眾法庭的判決書上，批了「時局嚴重，暫緩執行。」八個字，並且叫王均來安慰我們。當時國民政府已經在南京成立，而且實行清黨。朱培德表面順從在武漢的偽政府，心裡卻不願意和南京決裂，要保留和蔣總司令將來相見的餘地。共黨分子危害我們生命的企圖，因此沒有實現。

朱培德一方面救了我們的生命，另一方面又不願得罪共黨，所以並沒有釋放我們。他感覺將我們長期拘禁在衛戍司令部裡面，不是辦法，所以到五月中旬，就將我們送到南昌地方法院的看守所裡面交正式法院審判。但是正式法院對我們找不出絲毫犯罪事實，也無從起訴，這個案子自然就擱下來。共黨分子當然不肯罷休，於是乎另外想出置我們於死地的辦法。那時，五卅慘案紀念日快到了，共黨分子準備在那天群眾大會上，嗾使若干黨徒，做反帝國主義和反新軍閥激昂慷慨的演說。等到群眾情緒達到高潮以後，只要一個人講：「新軍閥的走狗程某等，現在還關在看守所裡，讓我們提出來打死他們。」一呼百應。立刻就可以鼓動若干暴徒，衝進看守所。看守所一共只幾個法警，有什麼力量可以抵禦暴徒，自然他們可以將我們押到會場，在群眾面前活活打死了。共黨分子這種陰謀，當時我們在看守所裡一點也不知道，更談不到有什麼防備。直到江西反共以後，才有接近共黨的人將此項陰謀傳說出來，我們才知道當時處境的危險。

共黨分子決定了這個陰謀，以為這次我們決不能倖免了，不料天下事出乎他們意外，當時武漢偽國府控制兩湖和江西。這三省軍隊的政治部，都由共黨分子把持，可是帶兵官長，極大多數是反共的。他們看見共黨清算鬥爭，使得民不聊生，大家都十分厭惡。何鍵的部下許克祥團長首先發難，五月二十一日在長沙逮捕共黨分子（這就是所謂「馬日事件」），人心大快。這個消息傳到武漢和南昌，兩地的軍官都想起來響應。在這種情形下，朱培德感覺到非表示態度不可，所以就在五月二十九日早晨，將南昌主要共黨分子，朱克靖、鄧鶴鳴、劉一峯、劉九峯等統統邀集在一處，然後派專車送往九江，再派輪船送往武漢，同時下令取消五月卅日的五卅慘案紀念大會，這樣一來，共黨分子危害我們的陰謀，又成為泡影了。

朱培德表示了反共態度後，南昌形勢自然一變。地方法院看守所所長陳義騰君，本來就非常同情我們，現在更給我們很多優待，因此我和巫啟聖同志就在五月三十日早晨走出了看守所。啟聖回他贛東原籍，我也返回離南昌百里的鄉間。當時江西省政府雖然對我們還通緝，那只是虛應故事而已。我在鄉間住了幾天，就化裝易名由水路往吳城、湖口、安慶、蕪湖，而到達南京，繼續參加革命。那時李協和先生、段錫朋、洪軌各同志，都早到南京，相見有如隔世。我離南昌後不久，曾華英、羅時實、王冠英等同志，也相繼脫險。所有在南昌被拘的同志都恢復了自由，沒有一個人犧牲於共黨。我本人四次瀕於死亡邊緣而依然無恙。都可算不幸中的大幸。

四二事變，在我們個人看來，只是幾十年生命中的短期挫折，算不了什麼，可是就整個革命歷史和國家前途來講，卻是有其重要意義的。如我在前面所講，十六年春季儘管共黨分子和國民黨忠實同志，暗中鬥爭，已經劍拔弩張，可是表面上彼此還是虛與委蛇，講合作、講團結。直到四二那天，共黨分子才取下他們的假面具，正式和國民黨決裂，因此也促成了國民黨中央的決心，在四月十二日實行清黨，將黨裡的顛覆分子統統清除出去。國民黨由此才恢復了整個性，才能在蔣總司令領導下完成北伐。四二事變既然有如此重大的影響，那麼我們幾個同志因事變而受了兩個月的拘禁，度過短時期的災難，也就很值得，很有代價了。

（原載五十年十月十日《今日大陸》第一四六期）

清黨前後事實回憶——由鮑羅廷篡黨滅華陰謀到本黨清共與對俄絕交

兩廣統一北伐開始

兩廣真正統一之後，擺在本黨同志前面的另一個艱巨的任務，便是北伐。十五年三月兩廣統一委員會剛成立的時候，總裁便同時向國民政府提議「早定北伐大計」；四月初又建議中央「請整軍肅黨，準期北伐」。

他認為我們既受帝國主義及軍閥重重包團，愈退縮便愈危險，只有向前衝去，方有生路。同時，他更認為北伐是總理留給我們的一大任務，無論環境如何艱苦，一定要努力完成，在他告軍校同學書中說：「北伐未成，為總理畢生之遺憾，且以此重托於中正者。故回省以來，竭力提倡，中正以為無論何事，皆可捐棄成見，惟此北伐問題，非貫徹主張，則昔日同志之犧牲，皆成為無意義之舉動。」

此時適吳佩孚勢力，壓迫湖南，湖南省省長唐生智退守衡陽，向國民政府求救。如果吳佩孚侵湘得手，勢力增大，本黨必受威脅，所以，為了援助唐生智，為了本黨之自救，在民國十五年六月四日，中央執行委員會召集臨時全體會議，一致通過刻期北伐，推蔣介石同志為國民革命軍總司令，七月九日在廣州誓師，北伐序幕自是揭開。

湖南的民眾，久受軍閥壓迫，盼望北伐，如大旱之望雲霓，所以北伐砲聲甫響，民眾立起響應，予我軍以種種協助，戰事進展異常迅速，各軍分在萍鄉、永豐、衡山、湘鄉等處獲勝。八月十二日，克復湖南省會長沙。八月底，汀泗橋與賀勝橋兩次大戰，我軍猛烈攻擊，衝破敵軍主力，進逼武漢，終於十月十日，攻克武昌。乘勝北上，於十一月七日一鼓下南昌，吳佩孚、孫傳芳之兵力，於此二大戰役中，殲滅殆盡，北伐得以暫告段落。

共匪破壞北伐大業

在北伐過程中，共產黨雖然口說參加工作，實際上卻受蘇俄的指使，對北伐多方破壞。當北伐尚在準備時，共產黨魁陳獨秀、俄國顧問鮑羅廷等，均發表文章，大肆叫囂，反對北伐，說什麼「以宣傳為主，靜待民紫覺悟，以後即可不戰而勝」。其實，則完全由於怕本黨力量增大，其推翻本黨之任務不能達成。當時，蔣總司令之堅持北伐及北伐時進展之神速更引起其惶惑、嫉妒與反對，乃不惜以種種卑劣手段破壞北伐。

自民國十三年本黨允共產黨黨員以私人資格加入本黨，共黨即利用此機會企鬥篡奪黨權。所以當時中央委員中，跨黨者甚多，政府中亦有人受共黨影響，如當時之鄧演達、陳公博、徐謙等均暗中與共黨勾結，甚至有一時期各省市黨部為共黨操縱。

以江西為例，省黨部委員即多為跨黨份子，十五年十二月之執監委改選，由於本黨忠實同志之多方努力，選出之執監委中，始能有三分之二為忠實同志，段錫朋、王禮錫、洪軌、周利生、賀其燊、劉伯倫、王鎮寰、姜伯彰及本人等分別當選為執監委。江西之黨權，得歸忠實同志之手，共黨不能逞其所欲為，自然異常憤恨。

當時適值蔣總司令督師北上，停駐南昌，國民政府、中央黨部由穗北遷亦暫停該地，天放於十五年八月底返國，十一月中旬回南昌，十二月於江西省黨部全省代表大會中當選為執行委員兼宣傳部長，故有機會時與李協和、陳果夫、丁惟汾、葉楚傖等黨內各先進共同研究對策。但吾人之工作愈努力，則共匪之忌憤愈深，破壞也愈狠。他們除了利用跨黨份子篡奪黨權以外，並謀奪軍政大權，政工人員乃組織民眾為共黨工具，同時挑撥人民對本黨及政府之惡感，甚至公開誹謗本黨及蔣總司令，如在武漢《雙十節宣言》中，即公開詆譭本黨，並同時利用鄧演達、徐謙等，把持武漢中央執監聯席會議，控制兵工廠，斷絕武器接濟，阻撓北伐進展，成為國民革命軍後顧之憂，心腹之患。

是時本黨環境甚為險惡，但軍事進展，在各地人民之擁護及全體戰士戮力同心之奮鬥下，仍得飛速進展，除中部克湘、鄂、贛等省外，何應欽將軍之東路軍由廣東東口出發，橫掃閩、浙，於十六年三月二十一日克上海，二十四日第六軍又克南京。共黨見國民革命成功在即，乃發動陰謀，促使第六軍政治部主任，鼓動士兵燒燬外僑房屋，槍殺外國僑民，意在造成恐怖，使外國人出面干涉而阻撓北伐，幸蔣總司令及時趕到，當即恢復秩序。是為共產黨企圖阻撓北伐暴行之一，亦即所謂「南京事變」。

十六年二月，江西省政府成立，李協和先生被推為主席，天放奉令為省府委員兼教育廳廳長，民政廳長楊賡笙、財政廳長周雍能、委員周利生、王鎮寰均為忠實同志，共黨無人參加，愈表不滿，與本黨之鬥爭乃日趨尖銳化。當時形勢：省黨部在本黨之手，縣市黨部則有許多尚未改組，仍為共黨所把持，同時共黨利用各種人民團體如工會、學生會、農民協會等為其外圍與本黨搗亂，故十六年春，本黨與共黨之鬥爭，可云在江西最為激烈。

十六年三月初，蔣總司令因軍事之推進而駐節安慶，江西之共產黨乃更思乘機蠢動，一般同志認為當時之局面非與共黨破裂，不能進行革命工作，乃推天放代表至安慶謁蔣總司令報告同志意見，並請示方針。總司令力勸大家忍耐，勿發生事故，以渡難關，俟北伐完成後，再定辦法。孰知共黨變本加厲，決不讓國民革命成功，乃於三月京、滬克復後，鮑羅廷勾結徐謙、鄧演達、陳公博等人在武漢突然宣布黨政軍最高機關之改組，並免蔣先生國民革命軍總司令之職，意圖使國民革命功敗垂成。

本黨中央毅然清黨肅共

本黨忠實同志，見共匪之肆無忌憚，知清黨之不可再緩，遂由中央監察委員吳稚暉先生臚列共產黨破壞本黨事實，於十六年四月一日呈請該會依法制裁，原文謂：

「竊總理於前年改組國民黨，容納共產份子，當時加入國民黨之共產黨員李大釗亦曾聲明，此等黨員止以各個人之資格，服從國民黨主義，並非國民黨與整個共產黨作。今者共產黨有謀逆之整備，遂喧騰其聯共之口號，誣罔總理，挾制輿論，合以圖大逞。按總理容納共產黨份子，有兩層用意：（一）總理於學說向主自由研究，共產黨若無背叛國民黨行為，僅研究學說者，可與研究任何並無背叛行為之學說，一同聽其研究。（二）因總理知共產必不適宜於中國，尤其是階級鬥爭之共產主義，故自創三民主義，以適合中國；且允許共產黨份子之有覺悟者，服從國民黨主義，使之隱銷其逆謀。不料自共產黨份子加入國民黨後，共產黨積漸謀逆，迨總理逝世，尤逐步日肆陰謀，本黨乃忍痛疊予以最大之庇護，且瘏口以致其多方之忠告，終望得遂總理銷其逆謀之願。而不知終究適予得步進步之披猖，遂使帝國主義之國及國內軍隊謀傾本黨者，皆借赤化為口實，淆亂世界之眾聽。北伐軍興以來，其所到之地，皆有『黨軍可愛，黨人可殺。』之怨聲。去年國慶後，本委員接得漢口寄來中國共產黨湖北區執行委員會及中國共產主義青年團湖北區執行委員會雙十節敬告同志宣言，請本委員以監察委員資格，有所注意，或加彈劾以止叛亂。本委員因諸如此類之叛逆印刷物，近年來時有發見，非密加訪察其真相，不欲輕為口舌之爭。蓋彼輩兇狡無賴，若不到澈底解決之時期，彼輩必騰為『老朽昏庸』、『思想落後』、『反動份子』、『反革命派』等之標語，極其惝恍迷離，一犬吠影，眾犬吠聲，函電紛紜，詈罵交鬨，使成獸鬥泥中之形，以丐其虎據要津之助（如俄人鮑羅廷之類），一擊不中，更張其燄。近半年中本委員以中央所派江蘇特務委員會委員，隨鈕委員永建之後，同在上海注意時局，乃為若輩包圍，離奇逆跡，隨在呈露。鈕委員焦頭爛額，痛苦逾常，窮於應付，迫而謝病。本委員於本年三月六日晚八時，偕同鈕委員及上海特別市黨部執行委員楊委員銓，晤見中國共產黨首領陳獨秀，中國共產黨上海首領羅亦農，於上海環龍路二十六號鈕委員辦公處，談話甚多。……本委員親自在陳獨秀口中得到二十年中國實行列寧式共產主義一語，乃核以去年雙十節湖北共產黨《敬告同志宣言》，其扼要之言曰：『雙十節本當慶賀，而無慶賀之價值。……因為內部奸賊仍未徹底剷除，那裡趕得上蘇俄革命紀念日，值得我們真誠的慶賀呵。同志們，無產階級人們！……我們最近決議案，是有辦法的，是有步驟的，祇須放大膽量祕密進行，圖我們的新生命，自有剷除奸賊真正成功之一日，那真值得熱烈的慶賀。我們的步驟就是：（一）第一步我們老實不客氣的說，我們現在勢力未充，應該利用別人想做新軍閥的心理機會，貌合神離的幫助他，以打倒原來一般的舊軍閥；（二）第二步，我們根據最近決議的精神，以黨團監督政治，以政治監督軍事方案，切實督責想做新軍閥的人，倘若還要為難，我們就用快刀斬亂蔴手段，痛痛快快的來解決他，以求最後的徹底吧。現在我們的口號，是糾正辛亥革命之不徹底，製造新國慶紀念節，打倒新舊一切軍閥及資本家，剷除內部的奸賊，勞動罷工絕對自由，馬克斯主義萬歲，階級鬥爭萬歲，無產階級人們萬歲！』於是而得兩結論，乃本委員所不能不舉發，而本會所不能不過問者。

（一）共產黨決定剷除國民黨之步驟，有以黨團監督政治之言，則明明已受容納於國民黨之共產黨員，同預逆謀，此本黨不願亡黨，在內部即應當制止者也。

（二）現在中國國民政府，已為俄煽動員鮑羅廷個人支配而有餘，則將來中國果為共產黨盜竊，豈能逃蘇俄直接之支配，乃在變相帝國主義下，為變相之屬國。揆之總理遺囑聯合世界以平等待我之民族，大相刺謬，此又應當防止不平等而早揭破一切賣國之陰謀者也。

因此，本委員認為情事非常重大，現在漢口中央執行委員會為共產黨及附合共產黨之各員，奉俄國共產黨煽動員鮑羅廷而盤據，最近諸為怪謬之改變，乘北伐軍攻堅肉搏之時，而肆其咎兵抑將之議，無非有意擾亂後方。蓋中國共產黨首領陳獨秀本有反對北伐之文，俄國共產黨鮑羅廷在廣州亦建緩取江、浙之議，即因他們老實不客氣，勢力未充；不欲國民黨羽毛豐，使共產黨難下摧殘之手段。似此逆謀昭著，舉凡中央執行委員會內叛逆有據之共產黨委員，及附逆委員應予查辦，未便尚聽其行使職權，恣為顛倒，應再召集中央執行委員會全體會議，或產生全國代表大會處分。但變故非常，一時不及等待，故本委員會不能不集合摘發，是以本委員特將亡黨賣國之逆謀，十分急迫，提呈本會，伏祈予以公決，得咨交中央委員中非共產黨委員及未附逆委員臨時討論，可否出以非常處置，護救非常之巨禍，則國民黨幸甚！中國幸甚！」

當時在武漢為共黨所把持之中央黨部及國民政府，仍繼續容共。兩湖共產黨除把持黨政一切大權外極力主張農工暴動，又祕密組織紅軍，希圖建立共產政權，時適汪兆銘自俄返國，在上海與陳獨秀會見後，聯名發表宣言，聲明「國共兩黨繼續合作到底」。汪潛赴武漢後，發表文電，公開攻擊蔣總司令，為共張目。南京之中央執監委員乃在四月十五日舉行聯席會議，接受了吳稚暉先生的建議，實行清黨，同時在南京成立中央黨部及國民政府。茲錄四月十八日中央政治會議清黨宣言如後：

「中國共產黨之加害本黨，固不自今日始，而其破壞本黨，因而破壞國民革命，實以今日之逆謀為最急。……觀其所把持之總政治部，援引共產黨份子，充塞部曲；三民主義戰士熱血漬染之河山，幾盡為共產黨人掠奪特權之租界。其所宣傳為反對三民主義之宣傳，其所訓練為陰謀操縱變詐挑撥之技術，其所工作為拆散國民革命之勢力，破壞國民革命之戰線；爪牙四播，煽揚凶德，騷擾荼毒，騰為民怨；喪失革命軍人之榮譽，阻礙北伐之大計，武漢如此，到處皆然，謂非中國共產黨全部反革命之策略，其誰信之？不寧維是，當我軍甫定東南之際，中國共產黨竟在武漢集議，進而決定推翻本黨與國民政府之逆謀，假提高黨權統一指揮之名，行篡竊國中樞之實，擁甲倒乙，迎丙拒丁，破壞軍制之系統，煽惑武裝之同志，侵蝕各地黨部之權柄，擾亂農工商學自覺之運動，逆謀既定，遂有二月以來武漢非法會議之發生，亂命四下，由來有自。……本黨既以中國共產黨份子自附同志，願為國民革命馳驅，故竭誠容納而提挈之，今者甘心附逆，阻撓北伐，謀為不軌，直接破壞國民革命之陣線，間接即為軍閥與帝國主義之工具，不惟自絕於黨國，抑且自絕於世界。……本黨於此敢竭誠告於文武將士革命同志及全國國民曰，驅除共產黨份子，乃肅清革命陣地以內之反革命勢力。繼今以往，本黨必益當努力於黨權之集中，組織之精密，紀律之森嚴，信仰之統一。凡別有結合，別有卵翼之反革命派，固當在所必除；而操志不定，易與同腐之份子，亦當嚴加糾正。惟國民黨為領導被壓迫之先鋒，惟三民主義為適合於中國之革命主義，惟國民黨之主義能使革命趨於民眾化，亦惟國民黨之主義能使民眾歸於革命化。大任當前，義無反顧，務於最短期間，肅清軍閥，打倒帝國主義，完成國民革命之大業。」

在贛共匪拘囚本黨同志

在中央尚未開始清黨時，江西的共產黨，利用工人糾察隊及學生團體實行暴動，於四月二日搗毀省黨部，將天放與羅時實、曾華英、王冠英、巫啟聖、黃北樨、閔嗣禮諸同志拘捕，先囚禁在總工會，晚間朱德（當時任南昌公安局局長）親自帶了憲兵警察到總工會來，將電筒照著我們向憲警說：「這般人就是反革命，你們的槍要向他們放。」過了幾天又移押於衛戍司令部看守所，共黨組織「民眾審判委員會」，謂天放等係奉蔣總司令命「大殺農工」，問其有何證據，則謂「革命者宣判反革命者罪狀時，不需要證據，不需要事實。」當時由該會判本人及羅時實、曾華英同志死刑。

有人主張立即槍斃，但亦有人則認為待有大紀念日時，遊街後槍斃示眾更有意義，議論未定而朱培德由九江返南昌，朱當時雖與武漢勾結，因此擔任了江西省主席，但是並非共產黨，也不願得罪本黨，乃於判詞上批示「時局嚴重，暫緩執行」，並將我們送押於地方法院看守所。共黨見志未得逞，私議於五卅紀念日，在南昌之紀念會民眾大會中，煽動群眾情緒，衝入看守所打殺我們。

但當時湖南已發生馬日事變，何芸樵等起來反共，朱培德受其影響，於五月二十八日也將南昌之共黨首領要送往武漢，表示他反共的意思。天放乃乘此機會出獄逃往鄉間，又化裝轉往南京。不久羅時實、曾華英諸同志也相繼出險。天放為共黨所拘時，自問必死，已將生死置之度外，居然不死，實出於意料。

自規定清黨辦法以後，國民政府治下之各省及南京、上海、杭州、廣州各大都市均舉行嚴密有序之清黨工作，各地人民痛恨共黨之陰謀搗亂，均表擁護，武漢方面的軍人亦開始反共，何芸樵的部隊首先於五月二十一日實行清除共黨份子，其他軍隊紛紛響應，道在此時第三國際電令鮑羅廷在武漢提案，令本黨將軍權、政權，交與共黨，連原來與共黨勾結的同志也忍不住了，於是武漢亦起而反共，將鮑羅廷送回蘇俄，是年九月寧、漢合作，本黨重新統一，清黨之

後，我國與蘇俄間的關係斷絕，聯俄工作乃告一結束。（本文係作者口述，由《中央日報》記者主理璜筆記）

（原載四十一年十月《我們的敵國》下集）

主持政大教育回憶

民國二十三年九月我奉中央政治學校校長蔣先生的命，擔任教務主任，這是我和本校關係的開始，第二年六月政府命令我出使德國，我就辭去教務主任職務，所以實際上在校不到一年，除了呈准中央增設新聞學系和研究部外，沒有其他建樹，我在德國將近三年，二十七年十月回國，當時陳立夫先生擔任教育部長，就要我做國立四川大學校長。我在川大整整四年。三十一年冬我到重慶參加中央全會，會後中央黨部人事有變動，中央政治學校教育長張道藩先生調任中央宣傳部部長，蔣校長就在中央常會提出以我繼任。我在三十二年元旦那天就職，這是我第二次為本校服務。

我擔任教務主任時，本校大學部設有行政、法律、財政、社會經濟、教育、外交、新聞七個學系，此外還附設有地政、計政兩個學院，一個研究部，一個蒙藏學校，和包頭、康定、西寧、肅州四個分校。等我回到學校，大學部只設法政、外交、經濟三個學系，可是另外有個專修部，設有地政、統計、新聞、語文四個專修科。附設的地政、計政兩個學院已經停辦，蒙藏學校和各地分校，都已由教育部接管。增設的有公務員訓練部，分高等和普通兩科，訓練高等普通考試及格人員，我到校以後，感覺專修科修業期間只有兩年，畢業生不能應實際的需要，所以呈准中央，由三十二年起將地政、統計、新聞三個專修科停止招生，而在大學部增設地政、新聞兩個學系，並在經濟學系裡增設一個統計組。後來為了在職司法人員的進修，又在公務員訓練部裡設立法官訓練班。中央宣傳部副部長董顯光先生要培植高級新聞人員，呈准中央，設立了一個新聞學院，根據校長的指示，這個學院也隸屬本校系統。

校長負軍政重任，日理萬機，當時又值抗戰嚴重階段，真是日不暇給，自然無法過問學校內部事務。校長下面設有一個校務委員會，輔佐校長，決定教育方針和重大事項。可是校務委員有三十一人之多，大部分是中央黨部和政府各院部會的首長，本身職務非常繁重，要他們兼管校務，事實上不可能。因此，校長就在校務委員中指定戴季陶、丁鼎丞、陳果夫、陳布雷、陳立夫五位先生做常務委員。學校裡一切日常事務都由我負責處理，遇到應興應革的重大問題，就請常務委員開會，由我報告，經大家討論後，再做決定。

我擔任教務主任時，本校設在南京紅紙廊前江蘇法政大學裡面，規模不大。當時大學部七個學系合起來學生不到五百人，三個附屬學院和蒙藏學校都不在校本部，連大學部一起人數也不過六百左右。到了重慶，規模大大擴充。我擔任教育長時，每年招生，總有上萬人投考，錄取在五百名左右，四個年級合起來將近兩千人。加上公務員訓練部經常有四五百人受訓，所以整個學校的人數和南京時代比，在四倍以上。教職員人數也以同樣比例增加，達到六百左右。在抗戰時期的後方，高等教育沒有今天在臺灣這樣發達，人數最多的大學也不過只有兩千多學生。

本校遷移重慶後不但範圍擴大，學校環境也和南京時代迥然不同。紅紙廊校址處在大都市中心，四面都為街道所束縛，無法向外發展。本校因為實施軍事管理，學生全體住校，而且不是假日不准外出。當時校區裡除了辦公廳、教室、宿舍、禮堂，和圖書館外，場地很小，幸而只有四百多學生，否則必定感覺擁擠。遷到重慶後，大學部在小溫泉，這是重慶南郊遊覽和洗溫泉澡的一處名勝，在長江南岸海棠溪南大約十五公里，是許多山峯中的一塊平地。中間有一道溪流，叫做花溪，本校校址就在花溪的左岸和山峯之間，大約有四百畝大小。在這塊地上，建築了一幢辦公廳，一座大禮堂，一個圖書館，一個醫務處，三十多間教室，四五十家教職員住宅，和若干幢單身教職員宿舍，可容兩千人的學生宿舍和飯廳。儘管有這麼多的建築物，而空地依然很多。學生宿舍前面有很大的操場，辦公廳前面有很大的校園。校園樹木成蔭，春天桃李盛開，燦爛如錦。校園旁邊有兩幢西式平房，一幢叫四維齋，是校長到校時休息和接見教職員的地方；一幢叫化雨軒，用來做招待所。校務委員有時來校，或者畢業考試時中央派大員監考，——有一次派的是張溥泉先生——或者外國教授訪華到校講演，都在那裡住宿。另外一幢小樓房叫做春風樓，陳果夫先生擔任教育長時住在裡面，後來我也住在裡面。校區附近只有幾十家與本校無關的當地住民，有一兩家小店鋪。學校購買菜蔬、魚肉和其他用品，都要到離校三公里的南溫泉鎮上去買。由海棠溪到南溫泉的公路，係由花溪右岸走，而不經過校區，校區裡根本看不見車輛，惟一的交通工具是滑竿。因此校區裡沒有煤烟，沒有灰塵，空氣非常清新，更加上氣候溫暖，草木四季長青，和紅紙廊比真有天壤之別。

公務員訓練部設在南溫泉附近的仙女洞，離開小溫泉大約兩公里多一點。訓練部學員數目少，而且經常只有兩個班級，——高等科和法官訓練班——根本沒有住校的教授，職員也很少，所以校舍比大學部小得多。研究部則設在白鶴林，由南溫泉往南走還有四公里左右，借用當地人家的房屋，出門就是稻田。由小溫泉到仙女洞可以說是花溪最優美的一段。一條石徑沿著卓立的石壁蜿蜒曲折地前進，三四丈下面就是清澈的溪流。山上的水經由石壁流到溪裡去，大雨後有好幾處都成為瀑布。花溪的那一面也有山峯，可是山峯與溪水之間，一塊平地，疏疏落落地住了幾十家人家，以種蔬菜養鷄猪為生。我在辦公暇時，經常在這條路上散步，欣賞自然美景。有月色的夜晚，我常坐當地人運物的小船，在溪上划到仙女洞回來。那時皓月當空，看峭壁、看溪水，比白天更美麗，而且靜得一點聲音都聽不到，真使我有「遺世獨立，羽化登仙」的感想。

小溫泉、仙女洞，風景優美，是一個理想的學校環境，可是當時教職員學生的生活比起紅紙廊來，卻是清苦得多。在紅紙廊時，專任教授的待遇是四百元一月，最低級的職員也拿四、五十元，大家的生活都很安定。學生全部公費，除了由學校供應膳食衣服外，每月還發六、七元的零用錢。省儉的學生，每年暑假時，可以帶幾十元回家。到了重慶起初還好，後來走上通貨膨脹的道路，法幣不斷地貶值，物價也就不斷地上漲。教職員的待遇儘管不斷調整，可是無論如何趕不上物價，大家住的是克難房屋，吃的是八寶飯（配給米中夾雜沙石），穿的是破舊的衣服。學生雖則依然享受公費待遇，宿舍和伙食也比紅紙廊時代差得多。可是大家物質生活雖苦，精神卻非常振奮，心理也非常樂觀。大家知道抗戰多年，日本始終不能征服中國，現在中日戰爭已成為第二次世界大戰的一部分，民主國家必然勝利，德、意、日等侵略國家必然失敗。對國家前途有信心，有希望，自然就願意忍耐暫時的苦痛了。

我在小溫泉時，學校發生兩件特別的事，值得一提。第一件事是建築中正堂。本校原有一個禮堂叫八德堂，可容七八百人，可是我到校時，學生已經有一千多人，禮堂容納不下。陳果夫先生就發起由校友募集款項，建築一座可容兩千多人的大禮堂。大家踴躍捐輸，在那年冬天動工，到三十三年七月落成。因為抗戰時物資缺乏，無法購買鋼筋，全部用麻石砌成，有兩丈多高，五丈多寬，十丈多長，可容二千四百人站在那裡參加典禮。這座巍峨建築物命名叫中正堂，以表示對校長的崇敬。不但在本校那些臨時性的建築中卓然挺立，而且當時在重慶，找不到同樣大的集會場所。第二件事是知識青年從軍。校長在三十三年十月，以軍事委員會委員長身分，發起知識青年從軍運動，以「十萬青年十萬軍」做號召。本校首先熱烈響應，師生報名參加約四百多人，經審核合格的二百七十二人，人數之多，在各大學中佔第一位。

三十四年八月十日晚上十點鐘左右，我正在看書，忽然接到報告，日本已經宣布，準備接受《波茨坦宣言》，無條件向盟軍投降。這個消息迅即傳播全校。那時宿舍已經熄燈，學生都已就寢，聽見這個喜訊，大家都興奮得不能睡了，得到軍訓官長的許可，紛紛起床著衣，排成隊伍，携了鑼鼓，浩浩蕩蕩地到南溫泉去遊行。鎮上商店和居民也大放鞭爆，表示慶祝。學生一直遊行到半夜才回學校。第二天恰好是星期一，我一早就到重慶，出席國防最高委員會的常會。——當時我是中央監察委員會的常務委員，因此成為國防最高委員會的常務委員。——校長以本黨總裁身分主持會議，他進會議廳時，全場起立熱烈地鼓掌致敬。然後他報告日本透過瑞典、瑞士等中立國家，接洽投降經過，和他與羅斯福、邱吉爾，為這件事交換的電文，羅、邱都接受了蔣委員長的主張，保全日本天皇地位使日本可以完整投降，至於將來日本採何種政體，由日本人民自己決定。報告後討論接受日軍投降和復員等問題，到中午才散會。我回到學校，在下午二時舉行的紀念週上，將這些情形扼要向員生報告，大家聽了都歡欣鼓舞。八年抗戰國家受了莫大的損失，人民做了莫大的犧牲，就是為的爭取勝利，現在勝利到臨，犧牲損失都有了代價，中國在世界上達到自由平等地位，怎麼能不欣喜欲狂呢？

日本投降後兩個半月，聯合國教育科學文化組織，在倫敦舉行制憲會議，我奉派為中國代表之一，和胡適之、羅志希、李潤章、趙元任諸先生，一同出席。這是我到校以後第一次請假離開學校。第二年三月我回到學校，那時正積極籌備將學校遷回紅紙廊。四月裡就提前停課，員生分水陸兩路回京，我也坐飛機到南京，住在原校舍裡，主持復員工作。八月，員生全部到達，復員告一段落。中央決定本校和中央幹部學校合併，改為國立政治大學，隸屬教育部。我利用這個機會向校長呈請辭職，中央政治學校成為歷史名詞，我的三年八個月的教育長職務也結束了。

（原載《政大四十年》）

奉使德國

民國二十四年六月，國民政府特任我做駐德意志國特命全權大使，這在我生命史上展開了一個新頁。

我在美國意利諾大學和加拿大都朗度大學讀書的時候，所進的是政治系，所專攻的是國際關係，我在意大寫的碩士論文是〈中美關係〉，在都大寫的博士論文是〈加拿大的亞洲移民〉，因此我和外交工作是可以連得起來的。但是我在民國十五年夏天回國，恰好國民革命軍北伐。那年十月攻克南昌，我回到本省，獻身革命。十六年二月江西省政府成立，當時表面上中國國民黨容納共產黨員加入本黨，共同奮鬥，事實上共黨份子陰謀篡奪黨權，而本黨忠實同志也嚴加防範。江西省政府成立時，中央認為領導青年思想的教育廳工作非常重要，就叫我做省政府委員兼教育廳廳長，我本來不是學教育的，但因為機緣湊合，一參加政治，就擔任了教育行政工作。

天下事往往如此，一件事開始後，同樣的事件就會繼續發生。我做江西教育廳長不到兩月，共黨作亂，省政府瓦解，我也被拘捕，在看守所裡渡過兩個月才脫險。就因為我有這兩個月的教育廳長經驗，中央需要教育行政人員時，就會想起我。因此我在民國十八年到二十四年擔任過安徽和湖北的教育廳長，安徽大學、浙江大學的校長，和中央政治學校教務主任，使得一般人都認為我是一個教育行政專家。我所研究的國際公法、國際關係等，反而從未應用過。

民國二十三年十月江西南部的共匪，經過五次圍剿，完全肅清，只剩少數殘餘突圍而出流竄到陝北去。二十四年四月，江西舉行剿匪陣亡將士祭典，請中央派員主祭，中央因我是江西人，就派我前往。我在南昌主持公祭後，就到經共匪盤據多年的地區，南城、南豐、廣昌、寧都等縣代表中央慰問官兵和民眾。這些地區，雖則收復已將近半年，但是那種殘破情形，依然慘不忍睹。因為贛東也曾經受方志敏部騷擾，所以我從寧都折返臨川，經由東鄉、貴溪、弋陽、橫峯、上饒、玉山，到杭州，再由京杭國道返回南京覆命。

那時我是候補中央執行委員，經常列席中央常會和政治會議，汪精衛是中央常務委員又是行政院院長兼外交部部長。二十五年五月我回南京後，第一次常會，恰好是汪精衛主席，我報告在江西收復區的見聞。會散後汪突然找我談話，告訴我中德兩國同意將公使館，升格做大使館，他決定將現任駐德兼駐奧公使劉崇傑專駐奧國，而另外找一個年富力強的人去做大使，問我願不願意去擔任這項職務，我當時聽了簡直大吃一驚。民國十二年我在都朗度主持《醒華日報》時，陳璧君由馬素博士陪同來加拿大，為執信學校募集基金，在都朗度住了半個月，我天天陪她出去奔走，和她很熟。可是九一八事變以後汪精衛到南京做行政院長，我因為對汪的反覆無常，時而反蔣，時而擁蔣，時而親共，時而反共，很不滿意。民國十六年寧漢分裂，和廣州暴動，和民國十九年北平開擴大會議時，我都曾公開指責過汪，所以除了在公共場所見面外，從沒有去拜訪他或陳璧君，我和汪是這種關係，他怎麼會想起我來呢，不過我心裡的念頭當然不告訴汪，我只答覆說：「我是研究國際關係的，當然對外交工作有興趣，可是我和德國素無淵源，德國人也不知道我，德國政府願意接受我做大使嗎？」他說：「這沒有問題，現在中國還在訓政時期，中國國民黨代表人民行使政權，你是黨的中央委員，可以代表黨，也就可以代表國家，德國政府必然歡迎你去的。」我就說：「既然汪先生如此看法，我自然願接受汪先生的好意，可是我現在擔任中央政校的教務主任，政校校長是蔣委員長兼任，所以必須蔣先生准許我辭職，我才能到德國去。」汪說：「很好，那麼我向蔣先生去說，如果蔣先生贊成你去，外交部就徵求德國政府的同意。」我們的談話，到此結束。

這次談話後，我始終想不出原因，為什麼汪精衛會派我這樣一個曾經反對他的人，去擔任這樣一個重要的職務。過了一星期，陳果夫先生——當時他擔任江蘇省政府主席，經常在鎮江，有時來南京開會。——到我寓所來看我，這個謎才揭開了。原來汪精衛和果夫先生曾談起黨內外交人才缺乏，外交使節往往需要用北京政府時代的舊人，而這些職業外交家，對本黨的主義和國民政府的政策，都不夠了解，因此他主持外交部感覺用人困難，隨請果夫先生介紹可以擔任使節的同志。果夫先生就說天放同志是研究國際公法國際關係的，他可能勝任，所以汪精衛要找駐德大使時，就想起我來。我和他談話後，他又請果夫先生拍電徵詢蔣先生的意見——那時蔣先生在成都，主持剿滅流竄中的共匪，——蔣先生覆電贊成我去，果夫先生通知汪精衛，他立即叫外交部主管人員辦徵求同意的手續。果夫先生事前從沒有透露給我聽，現在事已定局，他才來通知後，要我準備。又過兩天張道藩兄——當時是交通部次長——也告訴我，汪精衛曾和朱騮先先生，——當時是交通部部長談起過駐德大使人選，並且提及我的名字，騮先先生也推薦我去擔任。我這時才知道果夫先生推薦於前，騮先先生促成於後，才有汪精衛在中央常會散後和我談話的一幕。果夫先生初做江蘇省政府主席時我擔任過省政府委員兼祕書長，後來辭去祕書長，專做委員。騮先先生做教育部部長時，我做浙江大學校長。我和他們兩位的友誼都相當深，可是我卻從來沒有拜託過他們中任何一位為我向汪說項。所以他們的推薦我出任大使，可以說完全基於公的立場，而沒有參雜任何私意，而且事前並不告訴我來市惠，這一點是使我對他們很敬佩，也很感激的。

國民政府命令一發表，我就立刻忙起來了。擔任國內一個機關的主管，要你稍微有行政經驗，立即可以走馬上任，最多也不過在就職以前，將人事稍微調整一下，找幾個得力的助手，其餘的事可以到職以後隨時研究，隨時改進。可是到外國去擔任代表國家的使節，就不那麼簡單，尤其我雖則研究過國際公法和國際關係，對於實際外交工作卻毫無經驗，一切須從頭學起，這就非有相當時間的準備不可，我的準備工作可以分做三項來講。

第一是人的準備，駐德公使館人員很少，當時譚伯羽兄是使館參事，還兼商務專員，負軍事聯絡和軍火購買的責任，二等祕書是譚葆端君兼管領事事務。三等祕書是王家鴻君管留學生事務。此外有一個主事劉某，兩個甲種學習員王學理和黃維立君，還有兩個當地僱用的打字和雜務人員。而且王家鴻君已奉令調部，劉某也由劉公使調往駐奧使館，人員更感缺乏。我向汪精衛請求，使館既然升格，人員也應該充實，蒙汪允許。我就保薦李維果、姚定塵兩君做二等祕書，邱長康君做三等祕書，陳澤華君做隨員，毛保恒君做主事，大使館裡有了七個正式職員兩個甲種學習員。同時蔣委員長以中央政校校長的身分，派外交系畢業的蕭作梁、朱建民、周熾夏、斯頌熙四君，到德國去進修，一面在柏林大學研究，一面在大使館做乙種學習員，不領公家薪水而為使館服務。這樣大使館裡就有了十三個人工作，可是和駐英駐法大使館比較，倫敦巴黎都有總領事館，而柏林沒有，事無大小都集中在大使館辦理，所以依然是相當忙碌的。

第二是物的準備，我平常穿的是普通西裝，現在擔任外交官，所有晨禮服、晚禮服、小禮服，和外交禮服，都要定做，而且襯衫、鞋、帽，都要和衣服配合。我向新近到過德國的人打聽，知道駐德大使館裡面很空虛，中西文參考書籍簡直沒有，陳設也很簡陋。除了滿清時代運去的一些紫檀櫥櫃和太師椅外，中國物品也很缺乏。我覺得要做外交工作，必要的參考書籍不能不備，同時中國的大使館至少要帶點中國的氣氛，使得到過使館的外賓對中國的藝術有點認識。因此我就搜羅了許多中西文書籍帶去，中文以歷史、哲學、文學的書為主，西文則以近代史、國際公法、國際關係的書為主，也搜集了當時中國教育、文化、農工商礦、和交通事業的資料。我托人在北平購買了宮燈、象牙、銀器，和景泰藍的陳設品，以及各種顏色各種樣式的天津地毯，又托人在景德鎮定製花瓶和宴客用的整套磁器。此外我又購置了名人字畫，和湘繡及都錦生織錦的山水花鳥，以便在使館懸掛。使館升格後，原來的公文用紙和中西文信封信箋，都不適用，我就在國內印製。此外還選購筆墨、印泥等帶去，因為在歐洲即使能買到，也是品質很劣的。甚至黨國旗，我知道在外國一定買不到，所以定製大批帶去應用。準備這些物品，足足費了兩三個月的時間，而且預借了大使館三個月的公費，外交部准許逐月扣還，分一年扣清，結果我到館後，經費感到異常支絀。

第三是我本身的準備。我雖則在國外研究國際公法、國際關係，可是返國以後，所擔任的都是教育行政或黨務工作，這類問題已經逐漸隔膜。同時我對外交實務從沒有辦理過，需要學習，對駐在國的歷史和政治、經濟情形也應該明瞭。我知道歐洲社會由於傳統關係，是非常注重禮節的，外交人員自然格外如此，做一個代表國家的大使，在這些地方更要特別檢點，免得受人家批評。因此，我買了幾種國際公法，外交實務，和德國歷史及現況的名著，一有閒暇就潛心閱讀，也買了幾本關於歐洲禮節的書，注意他們上流社會人士在某種場合穿某種衣服，以及呈遞國書、拜訪賓客、參加宴會、舞會，乃至觀賞歌劇等，應有的儀式。有些地方在中國人看來實在是繁文縟節，可是歐洲社會既然如此，我到了歐洲，自然非學樣不可。

那一段時間，除了各種準備外，還忙於請示和接洽。首先在南京向國民政府主席林子超先生，和行政院長兼外交部長汪精衛，請示中德外交的基本方針，又和軍政、教育、實業各部，商談中德軍事合作，文化合作，和發展貿易事宜。國二十五年夏天，世界運動會將在柏林舉行，中國體育會已決定派大批選手參加，關於這件事，我和教育部主管人員更有詳盡的商洽。南京接洽告一段落，我又飛到成都去向蔣委員長請訓。為了節省時間，只有坐飛機，那時航空公司班機很少，我第一次坐的是財政部運鈔票到成都去的運輸機，在漢口降落時一個輪子受到損壞，只好在漢口過夜。第二天輪子修好重行起飛，到了宜昌上空，雲霧瀰漫，無法過去，只好折返漢口，恰好騮先先生有事向蔣委員長報告，坐交通部專機到漢口，知道宜昌有霧，也停下來。在漢口等了兩天，天氣始終不晴朗，我就趁騮先先生的專機回南京。過了四五天，長江一帶完全晴朗，我們再飛往成都，同機去的還有桂率真和蕭青萍兩兄。那次很順利，傍晚時分就到了成都。

第二天謁見委員長，他對中德邦交應注意各點，有詳盡的指示。我和騮先、率真、青萍，都沒有到過這天府之區，就利用這個機會遊覽了武侯祠、青羊宮、文殊院、百花潭、望江樓等名勝，並且到灌縣去參觀了都江堰，也接受了四川軍政首長劉湘、劉文輝、鄧錫侯等人的款宴，嘗了姑姑筵的美味。

七月杪由成都回到南京後應酬多起來。那時我已決定十一月初在上海乘德國郵船去歐洲，許多親友，以及和德國有關的團體公司等，就紛紛為我餞行，每天晚間都有應酬。德國駐華大使陶德曼（Oskar Trautmann）和軍事總顧問花根豪森將軍（Gen.von Falkenhausen）也都宴請我，我也按照禮節回請。白天除了辦理準備工作外，還依然要列席中央常會和中央政治會議，本黨當時已決定十一月十三日舉行第五次全國代表大會，我行期已定，當然不能參加。可是那時正是中日局勢極端緊張，中央預備在代表大會提出應付方案，同時國內要求結束訓政，頒佈憲法的呼聲也很高，中央準備召集國民大會，通過憲法，所以正在起草憲法草案。這些事情我都參預，所以更增加我的忙碌。我當時感覺中國正處在成敗關頭，一方面三四年來，因為江西、湖北一帶共匪的肅清，和教育、文化、交通、經濟的進步，使得政治上社會上有一種蓬蓬勃勃的氣象，可是另一方面日本對中國的壓力越來越大，決不願意給中國一個復興的機會，共匪竄到陝北，雖則兵力和地盤較在江西的已經小得多，可是斬草沒有除根，一有機會可能復活，再加上本黨內部團結不夠堅強，這些都是隱憂。因此我在出國之前，能夠對黨對國盡一分棉薄的力量，決不吝惜。

我本來已定妥十一月初由上海開往歐洲的德國郵船船票，一切準備工作到十月下旬也完成了，不料因為應酬多，事務又忙，到十月二十六日就病倒了。起初以為是感冒，後來醫生斷定是傷寒，就是熱度退盡後，起碼要休息很久，才可以出門辦事，這樣一來只好將行程改遲五十天。那時我和內人婉君住在南京旅館裡，兒女則在鎮江進學校，因為旅館不適宜於治病，所以臨時租了一幢房子搬進去住。我足足發了十一天的燒，才退盡，醫生說至少還要在床上休息十天，沒有變化，才能起床，我發燒時期，醫生不准我看書報，也不准和來訪的親友談話，因此對於外界事情完全隔膜。十一月一日第四屆中央執行委員會第六次全體會議舉行開幕式，禮成後在中央黨部門口攝影，李鳳鳴偽裝攝影記者，開槍擊傷汪精衛，這樣一件大事，我也是事後才知道的。十一月十二日第五次全國代表大會開幕，我雖則溫度已恢復正常，可是遵醫生的囑咐，還是沒有去參加。直到十一月二十二日，代表大會選舉下屆中央執行監察委員，我才第一次出門赴會，投了一票。那次我當選中央監察委員。

第五屆中央執行委員會成立後，我還參加了十二月二日的第一次中央全體會議。中樞人事有重大變動，國民政府主席是林子超先生，但行政院長則請蔣先生擔任，汪精衛那時已經赴上海醫病，中央還是推他做政治委員會主席。全會開後行政院改組，張岳軍先生擔任外交部長，於是我又向新任的行政院長和外交部長請示方針。到十二月十三日才離開南京，在鎮江、上海都住了幾天，十二月二十四日乘德國郵船樸資丹號（S.S.Potsdam）放洋，離開國民政府任命日期，已經超過半年了。

樸資丹號是航行歐洲和遠東新式郵船之一，噸位不到兩萬噸，比起航行大西洋的大郵船小得多，可是設備很新，很好，再加上德國人民愛好整潔的天性，所以船上真是比富人的家庭還顯得更加井井有條，一塵不染。那次航行，頭等艙有十五個二等艙有十八個中國人，婉君和兒女都暫時留國內，所以我一人獨住一間頭等艙，大使館人員和我同行的，有邱長康、陳澤華、毛保恒住頭等艙，蕭作梁、朱建民、周熾夏、斯頌熙，則住二等艙，此外大部分是到德國去的留學生。旅途中我曾舉行茶會招待過他們。那次茶會時發生一件不愉快的事。德國船長起初表示，二等艙客人照例不能到頭等艙餐廳進茶點，想請我到二等艙餐廳舉行。我聽了很氣憤，就教邱長康告訴他，如果船上不讓二等艙乘客到頭等餐廳來，我就不舉行茶會，同時要將這件事報告外交部，以後外交人員赴歐洲，改坐意大利或法國郵船，船長見我態度堅強，就打破慣例，准許二等艙乘客上來，後來他們還請我一次，也是在頭等艙餐廳舉行的。

船上有兩個特別乘客，也可說是中國外交史上一樁祕事，值得提一提。當時日本在華北侵略野心得寸進尺，已經使中國到了忍無可忍的地步，蔣委員長知道中國遲早要和日本一戰，正在積極做準備工作。當然中國的軍事和工業力量都遠不及日本，所以就希望在國際上爭取盟邦，共同作戰。在他兼任行政院長後，就派陳立夫兄做他私人代表，到歐洲做外交活動。因為立夫兄名氣很大，一舉一動受人注意，假如讓日本軍閥知道這事，那麼他們必定更加緊侵略，所以就不用真名，而化名李融清，並且給他一個中校的頭銜。委員長的手令是派李融清中校隨程大使出國公幹。而立夫兄則向中央請病假三個月休養，一切領護照、辦簽證、定艙位等事，都是我替他辦理，立夫兄自己根本不露面。他還帶了張冲君做祕書，也化名江淮南。一到船上，他們兩人同住一頭等艙，推說有病把自己關起來，從不到甲板散步，連三餐都是侍者送到房間去吃。頭二等艙的中國人，在乘客名冊中看見兩人的化名，而從來沒有見過面，有人疑心他們是共產黨，也有人疑心他們是日本間諜。曾經有好幾次，有些學生想衝進他們房間去看個究竟，都被我勸阻了。沿途船靠碼頭，防疫人員登輪，照例乘客要在甲板上齊集，聽候檢查，也由我使用方法讓他們躲過，以免和旁人見面，拆穿西洋鏡而將消息洩露出去。這件事做得很機密，在國內除了立夫兄眷屬和一兩個密友外，都不知道他出國，在船上二十四天，也始終沒有被人發覺。

船上的生活是悠閒而舒適的，既沒有批閱公文之煩，也沒有開會見客之苦，時間可以由自己支配，所以我整個上午用來看書，下午則看書後在甲板上散步運動，晚餐後則在交誼廳中奕棋談笑，有時看電影，有時玩遊戲，船上飲食非常豐盛，除了三餐外，還有早茶及下午茶，晚餐後船長又特送水果到艙裡來，供我享用。風和日麗的天氣在甲板上散步，看見波平如鏡一望無際的海水，呼吸最新鮮最清潔的海洋空氣，真有說不出的舒適之感。尤其在印度洋上那幾天正逢皓月當空，我站在最高一層，欣賞月景，海天極目，水月交輝，覺得心曠神怡，寵辱皆忘，我相信比蘇東坡在赤壁所見的月色還要偉大美麗。我傷寒病後，直到離開上海，身體還很弱，可是二十四天的海程，吃得好，玩得好，和有規律的生活，使我增加五六磅的體重，精神也充沛得多，可以應付繁巨的工作了。

離開上海後，樸資丹號在十一月二十六日上午就到了香港，有新聞記者來訪問，黃季陸兄邀我上岸遊覽了一天。二十八日早晨又到了馬尼剌，由僑領薛敏老君招待，並陪同遊覽。除夕那天到了新加坡，停留了兩晚，僑領林義順君招待會晤了陳嘉庚等人，又同遊晚晴園。這是張永福先生故居，國父在新加坡時借住於此，胡展堂、李協和先生等也曾住過，可以說是革命歷史紀念地。可是現在因為張家衰落，將園售給他人，空在那裡，無人居住，蔓草荒烟看起來很淒涼，而且久久沒有修理，隨時有傾倒的危險，我看後感慨萬端。在船上寫信給林主席和中央黨部祕書長葉楚傖先生報告晚晴園情形，並建議由中央撥款購買修理以保存史蹟。二十五年一月三日到檳榔嶼，領事黃延凱來船邊接，陪同遊覽全島，風景之勝在沿途所經各地中可稱第一。第二天船舶蘇門答臘的霹靂灣，我和大使館諸人登岸遊了棉蘭和避暑勝地普拉斯達基（Brastagi）。後來領事黃正和僑領們知道也招待。一月七日到錫蘭的哥倫坡，參觀了佛寺，佛教在印度創立，可是今天印度已經沒有佛教，而錫蘭人反將佛教保存下來，七百多萬人口中有百分之六十以上是佛教徒。一月十四日船經過蘇彝士運河，十五日到了波賽（Port Said）。這是運河北端歐亞非三洲水路交通的孔道，在這裡可看見三洲的人種和三種不同的生活。由香港到這裡所經過是熱帶或亞熱帶地區，是夏天的氣候，過波賽以後，才又回到溫帶，依然是冬天氣候。

一月十七日到馬賽，海程結束，伯羽、惟果兩君在此迎候，我們在旅館住了一晚，第二天由陳領事忠鈞陪同遊覽近郊，晚上乘夜車，十八日清早到巴黎。駐法代辦蕭繼榮來接，到使館略休息，同遊市區，參觀了拿破崙墓、聖母院（Notre Dame）、蠟人館，又登愛菲爾鐵塔眺望全城，在香色里隧（Champs Elyse）大道散步。我對這世界馳名的花都，久已心嚮往之，可惜正值隆冬，氣候蕭瑟，草木黃落，自然沒有春夏那樣可愛。那天晚上再坐夜車，一月十九日八時四十分到達柏林茀勒德烈車站，德國外交部禮賓司長須望德（von Büow-Schwante），和工商界人士，我大使館人員，僑胞和留學生代表二百多人，在車站迎迓，先到貴賓室，電影記者攝影，新聞記者請我發表談話後，由伯羽陪我乘車去大使館，我的外交生活，才算正式開始。

（原載《傳記文學》第三卷第一期）

外交官的辛酸苦辣

我在國外留學時是研究政治的，而且專門注重國際關係，可是回國以後直到現在，四十年來所擔任的大多數是黨務教育和行政的工作，只是在出使德國階段，做了兩年七個月的外交官。這在我為國家服務時期裡只佔了百分之六多一點，可以說很短。可是在這兩年七個月內，我遭遇了在其他機關沒有遭遇過的困難，也嘗到了在其他機關沒有嘗試過的滋味。

人員經費兩俱欠缺

每逢中國對外交涉受到挫折的時候，或者國際局勢轉變得對我不利的時候，輿論或民意機關就會對外交官嚴辭指摘，說他們不做事，說他們沒有盡到職責。我決不替一切駐外的大使公使辯護，說他們人人都能盡職。照我所見所聞，的確有少數人抱無動為大，多做多錯，少做少錯的宗旨，除非奉有命令，決不自動找事做。可是也有若干人很想做事，很想對國家有所貢獻，然而在人員經費兩俱欠缺的情形下，真是心有餘而力不足，想做十分，往往只能做到兩三分，只有嘆息。

大陸淪陷後，政府退處臺灣，財政收入比在大陸時減少得多，可是為了維持國家的地位，在海外設置七十多處使領館。在這種情形下，除了少數例外，每館的人員和經費，當然都很少。有若干館，館長之下就只有一兩個館員，可能加上一兩個雇員經費除人員薪俸外，往往只有幾百美元。儘管如此，外交支出已經佔了國家總預算各項支出的第二位，在政府方面可以說盡了最大的努力了。抗戰以前，財政收入當然比今天多得多，可是支出也比今天浩繁。尤其九一八事變以後，中央處心積慮要收復失土，用在充實國防準備抗戰上的錢，在預算上佔很大的百分比，因此其他政費，包括外交支出在內，受到相當限制，也因此駐外使領館人員和經費，在那時已經很欠缺了。

在第二次大戰以前，世界上獨立國家不到現在的半數，歐洲的獨立國家最多，其次是拉丁美洲、亞洲，非洲的獨立國家，簡直是屈指可數。因此，那時中國所設使館也以在歐洲為最多，達到十七個，可是其中只有駐英、法、德、意、蘇聯五國的是大使館，其餘都是公使館。公使館除了館長外，館員由兩三人，到四五人，此外就是當地的雇員。大使館人數較多，但館員也不會超過十人。就拿德國做例子，我未去以前是公使館，因為中德關係密切，公務繁忙，人員比較算多的。當時有參事、二等祕書、三等祕書、隨員、主事各一人，而譚參事伯羽兼商務專員的工作，事實上每天只能有一半時間在大使館，此外還有兩個甲種學習員，兩個雇員，連公使一共是十個人。使館升格，政府任命我做大使後，我請求外交部核准，增加了一個一等祕書，一個三等祕書。此外，蔣委員長以中央政治學校校長的身分，派了四個外交系畢業生和我同去柏林，一方面在柏林大學深造，一方面在館裡實習，算是乙種學習員（不支薪水）。這樣館裡同時有十六人辦公。可是到一九三七年春天李祕書維果被調回國，外交部就不肯再補人。乙種學習員四人中，因毛保恒主事辭職，由斯頌熙補了，朱建民、周熾夏二人回國了，只剩蕭作梁一人，讀完博士學位。所以在抗戰發生時，館裡只剩十三人了。

駐外使館都感覺人手不夠，駐德大使館更特別有這種感覺，我們拿駐英駐法兩個大使館和德館比較一下，立刻可以看出來。同樣是大使館，三館的人數也差不多。可是倫敦、巴黎，都設有總領事館，一切僑胞和留學生事務，都由領館辦了，使館人員可以專辦真正外交方面的工作；而柏林則沒有總領事館，一切僑務學務都由使館辦理，等於一個館辦兩個館的事務，自然格外感覺繁忙，有時候不免顧此失彼。

當時使領館的經費，還是按法幣計算，而不是按美金計算。駐德大使館經費每月是法幣五千元，折合一千四百三十美金，一切辦公、交際、費用，乃至僱用的司機、男女僕人的薪水，統統包括在內。（只有拍往外交部的電報費是例外，由部按月付還。）當時德國政府為了吸收外資，定得有一種登記馬克的辦法，凡是旅客和留學生用外匯到銀行去掉換登記馬克，可得優待。官價美金一元只能掉兩馬克六十分尼，登記馬克則市價依需要而有漲落，有時比官價超出百分之六十，有時超出百分之八十，那就是講美金一元可以掉換四馬克十六分尼到四馬克六十八分尼。因此，留學生或旅客都感覺柏林的生活比紐約，乃至比倫敦、巴黎更低廉一點，可是外交官最初是不准掉換登記馬克的，就感覺物價很高，一千四百三十美金不夠館裡面一個月的經常開支。

大使本薪是八百元，加勤俸一千六百元，合計二千四百元，八折發給是一千九百二十元，合美金約五百五十元。我初到柏林時，一個人住在使館裡，將我所得的薪水和大使館經費混合在一起，勉強可以夠用。等到婉君和兒女在一九三六年十一月到了柏林以後，為了便於交際起見，就在柏林的高等住宅區租賃了，一所猶太富孀的房屋，家具陳設都齊全，客廳、餐所、臥室，都很華麗，房屋外面還有很大的花園，每月租金只合二百美金，實在可說價廉物美，可是已經佔了我全部薪水三分之一以上。再加上夏天澆水，冬天燒煤的費用，也很可觀。好在從一九三七年起德國政府准許外交團人員也掉換登記馬克，每月由各使館按照各人需用，開列清單，送往德國外交部，外交部認為數目不太大，就通知銀行辦理，這樣才可以勉強維持。可是經過一年以後，仍覺負擔太重，只好放棄那所漂亮的住宅而搬回使館。

先成百萬富豪再做外交官

美國人常常講，一個人想做大使，最好是先成為百萬富豪。據說美國駐英駐法等大使，四五年下來，往往除薪水用完外，還得貼上五六萬乃至十萬美金。（這是第二次世界大戰以前的情形，現在美國外交官待遇提高了，情形可能稍好。）我初聽這類話，還有點將信將疑，等到我自己做了大使，才深深體會這句話的意義。我回國以後所擔任的工作，都是比較高級的，薪水常在六七百元乃至千元左右，因此每月除家用外，總可以有點餘款儲蓄起來，從來沒有感覺到經濟的壓迫。可是一擔任大使情形就不同了。在沒有出國以前，我就由留德同學口裡探聽出來，駐德使館陳設很簡陋，中國的地毯、宮燈、磁器、玉器，和其他手工藝品，幾乎等於沒有。我覺得使館升格以後，如果還是這樣寒酸，實在有點難堪，所以在出國以前，托人在北平選購了若干條天津地毯、新式宮燈、玉器、景泰藍器等，在上海選購了若干湘繡、織錦，和象牙刻品，在景德鎮定做了全套宴會用的磁器，帶去柏林。當時物價雖便宜，可是這些東西也花了七八千元。外交部認為德館並不是新設的館，所以不肯發開辦費，只好由我向外交部借支然後按月在薪水裡扣除，足足扣了一年才還清。婉君比我遲十個月，到一九三六年十月才出國。因為到柏林以後不能不參加社交，而在這種場合，其他各國大使公使夫人，都是珠光寶氣，如果她一人一點飾物都不戴，那也是難堪的事，只好在上海購置了些珍珠翡翠等項圈、手鐲、和金鋼鑽戒指等，並不是什麼名貴的物品，然而已經需要一萬四五千元代價。這次自然不便再向外交部借支，幸而由朋友的介紹，那個珠寶商願意分期收款。當時付了一部分，其餘陸續付還，直到我辭職回國以後才付清。這類事情假如我不擔任外交官是決不會發生的，假如我是百萬富豪，當然也就不成為問題。

三次請外部特別撥款

大使館的經費，只夠維持經常用度，如果有時在經常事件外需要錢用，那就要請求外交部核准後，另撥款項。我在柏林時間一共請了三次特別用款。一次是修理館屋。大使館房屋在柏林很熱鬧的古費斯登大街（Kurfuerstendamm），是中國的財產。那所房屋在我去時已經年代很久了，可是因為德國人做事認真不苟，一切建築物都非常堅固耐用，大使館房屋自然也不是例外。大使館左右和對面的房屋都是商店，每隔一兩年就修理粉刷一次，而館屋則已經好多年沒有修理粉刷了，因此看起來特別黝黑陳舊。我向外交部呈請撥款修理粉刷，外交部核准撥給一千元做粉刷修理費用。經過這次出新，館屋才和左右鄰居保持同樣的整潔。另一次是為了世運會。一九三六年夏天在柏林舉行世運會，中國體育協會派了一個一百二十多人的代表隊，政府還特派戴季陶先生做代表，此外還有體育考察團十六人和國術團九人。他們當然都有他們的經費，可是大使館為了接待他們，而且幫他們做公共關係的工作，不能不用錢，只好向外交部請求補助。外交部那次撥給三千元，大使館就利用這筆錢，舉行了歡迎會、同樂晚會，介紹他們和德國教育、文化、新聞、工商各界，和中國有關的人士見面，並且在他們離開柏林以前，招待午餐。美、英、法等國大使館，都為它們的運動選手舉行盛大的酒會，招待德國機關首長和外交團，到的人以千計，我都曾被邀參加。我未嘗不想也如法炮製一下，可是因為經費不夠，只好作罷。第三次是為了宴請德國政府首長和外交團。我到柏林後，德國外交部、國防部、經濟部的部長、總統府祕書長、外交團裡面的法國、美國、英國、意大利、波蘭、土耳其、巴西、阿根廷等國的大使，都曾宴請過我。其中有若干次是專為我而設的，請我坐首席。禮尚往來，我接受了人家的邀請，不能不答宴。使館請一次中國客人很簡單，我從國內帶去了很好的紹興酒，只要叫一席三十美金的菜就夠了。可是正式請外賓就大不相同。假定說主客共二十四人，叫中國餐廳廚司來做酒席，中菜西吃，到是不太貴，大約不到一百美金，可是要用七八種比較好的法國酒——包括飯前飯後所飲——要僱用五六個臨時侍者，要用大量鮮花布置餐廳，這些費用加起來，可能達到一百五六十美金左右。因此正式宴客一次就得二百五十美金，四次就是一千美金。要回請所有宴請過的首長以及陪客，至少得七八次，使館實在無力負擔，但是不回請，又欠了人家的人情債，而且顯得中國太寒酸。我又只好向外交部請求補助。外交部在一九三七年春天撥給了五千元的答宴費用，恰好那時我已經遷到綠林住宅，客廳餐廳都比使館華麗，我得了這筆錢，就在三四月內連續宴請了八次客，不夠的費用，就由使館經費貼補，這樣才算把人情債還清了。

資料缺乏情報遲緩

「工欲善其事，必先利其器」一個駐外使節要想折衝樽俎，資料和情報就是最重要的武器。駐德使館從一八七七年開設，到我去時已經快滿六十年。照理講，一個六十年的機構，資料應該相當充分了，可是我發現使館裡資料非常缺乏。檔案殘缺不全，而且凌亂地堆放在幾頂舊櫥裡，要想研究一個舊案，例如關於九國公約中德間的接洽，要費很多的時間才能查出一點資料。過去的報紙雜誌統統沒有保存，圖書根本談不到。有關國際公法的書籍，應該是外交官不可缺少的工具，居然也沒有。我自己隨身帶了上百本政治、經濟、西洋史，和國際公法的書去，有需要時才能參考。使館裡不但沒有滿清和民國初期的資料，連一九二八年國民政府統一全國後的各種資料也欠缺。幸而我料到這一點，所以在出國以前，將中央各機關最近出的刊物和統計表冊，都搜羅了，帶到柏林，德國人問起中國教育、文化、經濟、交通情形時，才能舉出數目字來答復他們。

情報的遲緩，也和資料的欠缺，同樣地使我傷腦筋。旅居國外的人沒有不急於想知道本國的狀況，尤其外交官，當然盼望對於祖國各項消息越知道得早越好。可是我在柏林時，就沒有方法達到這個目的。當時中國和歐洲間的定期航線還沒有開闢，使館所定的國內報紙，都經由西伯利亞鐵路寄遞，普通要隔兩星期才能收到。柏林、巴黎的報紙，對中國的新聞登得很少，倫敦報紙登載稍多，可是也講得很簡略，除非發生了驚天動地的事件，如同西安事變，蘆溝橋事變等，才會有比較詳細的報導。使館裡訂閱了《紐約時報》，因為它的中國消息比較多，可是當時沒有航空版，要過一個星期才能看見，而且就是《紐約時報》，對若干在中國人看來很重要，而在美國人眼光中不重要的消息，也不登載。因此，我到柏林以後經常有和國內情況脫節的感覺。有時和德國首長或外交團談話，他們提出問題時，我簡直不知如何答復。

戰時宣傳處於不利地位

消息不靈通，在平時除了偶然受窘外，還沒有太大妨礙，可是一到戰時，在宣傳方面就大吃其虧了，蘆溝橋事變發生以後，中國和日本駐德大使館，都展開宣傳工作，爭取德國朝野的同情。我方儘管經費非常支絀，可是每天或隔一天印行小型戰事報，將中國戰訊登載出來，郵寄柏林外交團、德國各機關、各報館，以及教育、實業界知名人士，免得他們專聽片面的消息。這種戰訊當然根據外交部情報司拍來的電報，可是這些官電往往很簡略，而且比報館消息要遲。電文簡略，我們還可以將它擴充字句，只要不無中生有就行了，可是比報紙電訊遲，就失去新聞價值，收到的人根本不重視了。日本大使館則因為經費充裕，情報靈通，發佈一個消息，往往搶報紙之先，中國和它一比，自然相形見絀。中德邦交本來很好，可是抗戰時期德國多數人始終不了解戰事真相，不知道日本種種侵略行為。這一方面當然因為國社黨的親日政策所造成，另一方面也因為我們經費缺乏，情報遲緩，在宣傳方面無法和日本競爭。

內交重於外交

駐德大使明明是一個外交官，可是我所做的工作，卻是對內多於對外。這句話也許會使讀者吃驚，卻是千真萬確的事實。我在駐德大使兩年七個月的任期內，可以說百分之六十以上的時間和精力，是用在應付中國人，不到百分之四十的時間和精力，才真正用在外交工作。應付中國人可以從幾方面說。第一是應付國內的機關。當然外交部是大使館的主管，外交部的命令大使館必須執行，而且外交部要大使館辦的事，極大部分也是有關外交的事件。可是除了外交部以外，中央各院、部、會，乃至有些省政府，常常委託大使館辦理某件事，或者調查某種情形。因為大使館兼辦學務和僑務，所以教育部和僑務委員會與大使館來往的公文相當多。幸而有關國防和經濟的事，除了需要與德方部長次長級的人員接洽，由我出面外，其他事務性的事，都由商務專員辦事處辦理，否則大使館對內行文將更多。不過這些對內工作，都可以說是公務，當然是大使館應該做的事，雖則增加館員的工作，大家並無怨言。

第二，是應付在德國的中國人。三千左右的僑胞和七百左右的留學生，除了在漢堡的一部分有事向總領事館接洽外，其餘在柏林或柏林以外的人，任何事件都會來找大使館，請求協助。當然正當的請求，我在柏林時從不拒絕，一定替他們辦理；可是有些青田小販犯了德國法律被拘禁起來，硬要請大使館設法保釋；有些自費留學生，家裡的錢沒有寄到，或者寄到後而浪費掉了，就來向大使館借錢，這就無法照辦了。抗戰發生以後，有些留學生的家鄉淪陷敵手，無法再收到款項，當時德國的遠東協會很同情這些學生，准他們申請救濟金。有少數不良分子，居然利用這種機會，明明收到家庭匯款，而還向遠東協會騙取救濟金，後來被發覺了，遠東協會就來請大使館勒令他們繳還。另有少數左傾分子，則利用身分做顛覆政府的工作。這類事增加使館人員許多麻煩，而最後都是來向我請示解決辦法。

第三，是應付經過柏林的中國人。德國是個強國，柏林是個名都，而且在歐洲中心，無論由東而西，或由南而北，都可能經過柏林，因此經常有中國人從國內或者他國到柏林來做短時間的停留。這些人當中，政府高級人員、社會名流、大學教授、工商界人士、新聞記者，乃至學生都有，平均每個月有四五十人。他們有的是來接洽公務，有的是考察，有的是為業務，有的僅僅是觀光，一九三六年八月世運會期間，從國內來的選手、職員、考察團員、國術團員、新聞記者等，將近一百五十人，此外還有一個由江翊雲（庸）率領的旅行團有三十多人，由歐洲各國來柏林參觀世運的也有兩百以上，剎那間柏林增加了將近四百名中國旅客。無論是平時也好，特殊時期如世運會也好，凡是到柏林的人，都會來大使館接洽，而且要大使館替他們辦這件辦那件。辦成功了大使館不會受到讚揚，不成就要受責難。大多數人都想見我，我也沒有不接見的，而且一定招待一次便餐。他們提出來的要求，能夠做的一定替他們做到，可是有些不能做到的，只好坦白地告訴對方。我試舉一個例，世運代表隊住在奧林匹克村，離開大使館有半小時的汽車行程。他們的信件都是經由大使館轉的，大使館收到信件後就彙放在一起，候他們來取。有一天幾位選手突然對我講，請大使館每天派人將信件送往奧林匹克村，免得他們自己來取。我就告訴他們，大使館一共只有十六個人，人人事務都繁忙，如何能每天抽出一小時去奧林匹克村一趟。相反地，代表隊的職員比大使館全體人員還多上五六位，為什麼不能輪流來取信呢？他們聽了無話可講，可是悻悻之色現於面上。

三種特殊的反對力量

以上所講是中國外交官一般遭遇的困難，不過各館因為駐在國地位不同，事務繁簡不同，困難程度有大有小而已。可是我在柏林，卻受到特殊的反對力量，為他人所沒有的。這種反對力量也來自三方面。第一、北京政府時代造成了一批職業外交官，這些職業外交官向來認為外交是他們的天下，不容旁人插足。國民政府統一全國後，才派了若干非科班出身的人去做外交官，如同蔣雨岩（作賓）先生做駐德公使，劉塵蘇（文島）先生做駐意公使（後來升大使），賀耀組做駐土公使等，已經引起他們的反感。等到一九三六年政府發表我做駐德大使，他們的反感就更深。他們認為以我一個三十七歲的青年，向來沒有擔任過外交工作，一下子就出去做大使，那以後他們就更沒有前途了。因此他們對蔣、劉、賀幾位固然暗中批評攻擊，對我則批評攻擊得更厲害。

第二、中國傳統的外交官是不講思想，不談主義的。他們認為外交官只要對外交涉奉命行事就夠了，國內政爭，如同北京政府時代，中國國民黨和軍閥的鬥爭，國民政府時代，國民黨和共產黨的鬥爭，在他們看來是和外交官毫無關係的事。因此，他們對共產分子在駐在國的活動，採不聞不問的態度。我是一個堅定的三民主義信徒，從事黨務工作時固然與共黨奮鬥，幾乎犧牲生命，就是擔任教育和行政工作，也同樣地與共黨奮鬥。現在轉入外交界，自然也拿這種作風帶到國外。我在柏林，聯合忠貞的留學生和僑胞，對反動分子予政無情的制裁，結果一切共產分子和同路人都恨我入骨，總想打倒我而後快。

第三、職業外交官對我的批評攻擊，我付之一笑；共黨分子和同路人對我的搗亂，我認為是題中應有之義，因為我看他們做敵人，他們當然也看我做敵人；可是另外一種反對我的力量，卻使我非常痛心。同是三民主義的信徒，而因為黨裡面派別的紛歧，自相摧殘，這種風氣不幸由國內蔓延到國外。有少數人明明知道我堅決地反共，明明知道我對國家、對領袖，絕對忠貞，可是站在派系的立場上，希望我出岔子，希望我垮臺。這種人儘管暗中反對我，我卻不能當他們做敵人，依然要和他們合作。這一點，可說是我在柏林兩年七個月最感苦痛的事。

利用影片攻擊使館

反對我的人，當然時時刻刻都在注意我的行動，如果大使館犯了一兩件錯誤，或者對德交涉上受到挫折，他們就可以振振有辭地攻擊我了。可是在抗戰發生，德國調停失敗，改變對華政策以前，中德關係很融洽，政府命令我做的事，沒有一件事沒有做到，反對我的人無計可施。直到一九三七年春天，烏發公司電影案發生，他們才得到一個機會。烏發公司當時想拍一部有關庚子拳亂的影片，叫做《北京的警告（Alarm in Peking）》，就和大使館的邱長康祕書接洽，詢問大使館有何意見。邱向我請示，我告訴他轉告烏發公司，任何有關中國的影片，必須先經大使館看過，認為可用，才能放映。邱向公司負責人講了，他們表示接受。邱是在德國學教育的，本來在教育部工作，因為他的德國語文很好，留德同學會推薦他做大使館祕書，和我同到柏林，我派他主管留學生事務，兼管有關電影的交涉。邱做事很負責，可是沒有學過法律，這一方面知識缺乏。因此他和烏發公司接洽數次，說明如果拍電影，必須通知大使館派人來看實際情形，片子拍成後，也必須得大使館同意，才能放映。公司負責人一口答應，可是沒有任何書面的承諾。結果公司偷偷攝製了幾星期，大使館才知道。因為公司沒有履行約言，就通知它停拍，它置之不理。拍成以後，試映一次，請外交部和大使館的人都去看。看後我感覺很不妥當，就向德國外交部交涉阻止它放映，可是公司負責人講，曾經得到大使館人員同意，已用去幾十萬馬克，不能不放映。關於口頭約定，不得大使館同意決不放映一節，矢口否認，邱長康才知道受騙，已經追悔莫及了。

那部影片敘述中國人民盲目排外情形，當然對中國不利，可是外國影片用辮子、小腳、吸鴉片等，來形容中國人，含有侮辱意味的，過去出過許多種。我在美國看過的，就有好幾部。英、法、瑞士片中，也曾發現此種情形，所以烏發公司的出品，並不是破天荒的事。可是反對我的人，卻認為得到一個好題目，大事渲染，將一切責任推在我身上，好像是我叫烏發公司攝製的。我對於這部影片當然也很憤慨，所以一再親自和德國外交部交涉，並且請國防部長白龍培、交通部長多普姆勒協助，可是德國外交部認為商人已經花了很多本錢，不肯讓他們損失，所以擱置了幾個月，刪改了若干地方，到秋天還是在柏林放映。我當時就向外交部自請處分，邱長康也請求辭職，外交部准邱辭職，調漢堡總領事館祕書徐澤來接辦學務，我本人並未受到處分，反對我的人很感失望。那部影片在柏林二流電影院放映，觀眾很少，僅僅一星期就換片了，烏發公司依然賠本，而在中德關係上留了一點不愉快的痕跡。不過那時蘆溝橋事變早已發生，戰事已經蔓延到上海，大家也不注意這種小事了。

造謠中傷不脛而走

反對我的人，看見在政治上打我不倒，就採取謠言攻勢，對我私人生活造出種種謠言來損害我的名譽。謠言當中最有趣，可是也最惡毒的一項，就是說我在某次希特勒宴會上，用餐巾擦盤子，擦一次侍者就換一個盤子，已經換了三次，我還要擦，希特勒怒目而視，坐在我旁邊的英國大使就向我講，如果我再擦，這個侍者就要被殺頭了，我才停止不擦。故事很簡單，就講到這裡為止。揑造這故事的人顯然是個專家，因為一方面很生動，容易引起興趣，也容易傳播；同時也非常惡毒，因為這類事是無法對證是非的，卻無形中給人一種印象，認為某人不懂禮節，貽笑國際，造謠者的目的就達到了。

這個故事有很多不近情理的地方。希特勒不喜歡交際，他每年只在元旦以後不久，宴請全體使節一次，此外從不請客，連世運會時各國要人雲集，他都沒有宴客，而是由外交部長約請。因此，我在德國兩年七個月，參加希的國宴，只有一九三七和一九三八年一月的兩次。（一九三六年國宴時，我還沒有呈遞國書，所以沒有被邀請。）國宴禮節是很隆重的，大家都穿外交制服或燕尾服，男女賓挽臂進入餐廳，各就排定的座位，候希特勒進來，大家肅立致敬，然後入座。國宴的菜並不怎樣豐富，可是所用的磁器、玻璃杯，以及刀叉等，都是最上等的，光亮耀目，一塵不染。在這種莊嚴的環境下，我想除非有神經病的人，決不會再用餐巾去擦盤子，何況我本人連在國內館子裡吃飯，都沒有用餐巾擦盤子的習慣，怎麼在德國元首宴客時，反會有這種舉動呢？而且德國國宴的時候，侍者都穿很華麗的制服，肅立在離開餐桌五六步的地方，除非上菜或斟酒，是不到賓客身邊來的。所以即使我發神經病用餐巾擦盤子，也決不會有侍者來替我換盤子，更談不到連換三次，使得希特勒怒目而視了。

這個故事最大的漏洞，就是說英國大使坐在我旁邊，勸我不要再擦，歐洲外交界正式宴會，一定是夫婦同被邀請的，何況國宴，當然更邀請使節和夫人了。座位當然男女賓間隔而坐，所以我參加國宴時，兩旁坐的必然是某部長夫人或某大使夫人，絕對沒有英國大使，或者任何國大使坐在我旁邊的道理。而且外交界宴會，都是照年資排列座位先後的。我初到時，英國大使腓普士爵士比我早到兩年。過了幾個月他辭職回國，繼任的大使享得遜爵士，又比我遲到半年多。因此我和兩任英國大使中間都隔了好幾位他國的大使，在宴會上座位相去很遠，從來沒有靠近過。

這些事實，都說明造謠的人毫無外交常識，根本也不知國宴隆重情形，只是憑空虛構一個故事出來。因為反對我的人多，所以有人捏造一個故事，大家集體傳播，加上中國人大都有幸災樂禍的心理，聽見這項故事根本不去辨別真假，到處傳說，因此就不脛而走，幾乎傳遍全國。甚至於現在事隔三十年，居然還有人在那裡傳播，而且香港某報還將它登出來，可見謠言影響之大。

我對於這類謠言並不重視，過去從沒有辯白過，只是覺得中國人辨別是非能力如此薄弱，幸災樂禍心理如此普遍，不能不為民族前途抱一種隱憂。同時我感覺，我擔任大使兩年七個月，所以會遭遇這許多反對力量，可以說是我責任心太強，對人對事太認真的結果。但是一個人天性是很難改的，儘管我做外交官時嘗盡辛酸苦辣的滋味，我對人對事的態度到現在並沒有變更，這也是我引以為慰的一件事。

（原載《傳記文學》第八卷第四期）

峨眉憶遊

峨眉是中國的名山之一。它雖不在五嶽之列，可是高度超過五嶽，而名氣也不在五嶽之下。喜歡遊山玩水的人，對於這個以「天下秀」馳名的峨眉，都想一遊為快。佛教的善男信女以為峨眉是普賢菩薩的道場，山上寺廟和高僧一定很多，都想去朝山進香。為武俠小說所迷的少年，更憧憬於峨眉的劍俠，而想去峨眉練習劍術。可是當時由南京、上海一帶去四川一次不是件簡單的事，既費時，又費錢，因此嚮往峨眉的人儘管很多，而真正到過峨眉的人比起遊過杭州西湖的人，乃是少而又少。

出長川大的機緣

我很幸運，因為抗戰的關係，能夠在這個勝地長期居住。民國二十七年八月我辭去駐德大使的職務，十月回到戰時的首都重慶。陳立夫兄正擔任教育部長，因為國立四川大學還沒有校長，是由文學院院長張頤代理，他就要我去做川大校長。我當時對教育行政興趣並不濃厚，而是想到前方去做點和戰事有關的實際工作，並沒有接受他的好意。不料他趁我到成都去的機會，不等我同意，就請國民政府正式任命。川大雖是國立，可是地方色彩很濃，成立以來擔任校長的都是四川人。現在政府忽然發表一個外省人做校長，於是有些川籍士紳和川大的川籍教授就出來反對，想拒絕我到校，可是畢業同學和在校學生卻紛紛表示歡迎。我本來無意擔任這個校長，可是我的個性對於任何壓迫決不屈服，所以川籍士紳和教授的反對，反而促成我就職的決心，我就在十二月中到校接事。川大那時有四個學院，校本部和文理法三院都設在舊日皇城，農學院則在城外望江樓。我做校長的最初半年還是在老地方。二十八年六月初日本飛機到成都上空大肆轟炸，教授、學生，無法安心教學或上課，所以在那年暑假，除農學院留在望江樓外，文、理、法，三院都遷移峨眉，九月就在峨眉開學。我住在峨眉山腳的報國寺，直到三十一年底，中央命我做中央政治學校教育長，才離開川大，也就離開峨眉。

峨眉三山的形勢

峨眉山在四川的峨眉縣，離開成都恰好三百華里，實在是三個山的總稱。這三個山是大峨、二峨、三峨，大峨是主峯最高，二峨比大峨低得多，三峨更低。大峨和二峨中間隔了十幾個華里的平地，這兩座山雖則高低不等，可是因為它們對峙在那裡好像女人的娥眉一樣，所以叫做峨眉。風景、古蹟，都在大峨，所以遊山的人也就只遊大峨。大峨是一座很高的山，海拔是一〇六〇〇英尺由山腳的報國寺到山頂有九十多華里的路程。因此，我雖則在報國寺住了三年半，（除去到重慶、成都開會，到西北去慰勞軍隊的時間，實際上住了不到三年。）平時附近的名勝，如同龍門洞、清音閣等也常去，可是遊覽全山，卻只有三十年的一次。那年五月，我和川大法學院院長朱顯禎，生物學系主任方植夫，史學系教授李季谷等人，步行登山，首尾三天，峨眉的名勝可以說看遍了。而且天氣晴朗，晚間又有月色，格外增加了樂趣。現在事隔二十三年，然而回憶起來有如昨天一樣，因此我應趙君豪兄之請，將峨眉勝景記錄出來，公諸同好。

報國寺梧亭帶月

報國寺在公路的終點，所以來遊峨眉的人，都是先到報國寺歇腳，然後再上山。民國二十四年蔣委員長在峨眉創辦軍官訓練團，也駐節報國寺的柏林廳，寺裡面有塊石碑紀念這件事。

川大遷到峨眉後，就租用這個寺做一部分有眷屬教授，和許多單身教授的宿舍，我一家也住在裡面。報國寺因為在平地，而且在山背，所以看不見峨眉主峯，因此也沒有多少風景，可是四圍的樹木非常茂盛，尤其有大桂樹，開花時很遠就聞見香氣。寺門前有兩株兩人合抱的大樹，至少有幾百年的歷史。又有很大一塊平地，是軍官訓練團操練的地方，我們就利用它來建築新增的師範學院，和附設中學的校舍。

報國寺裡有一處叫帶月山房，是一排四間的平房，自成院落。院子裡有一株很大的梧桐樹，樹下有一個亭子，裡面有一塊橫額「梧亭帶月」。這個地方是報國寺的招待所，來遊峨眉的人上山前下山後都在此地住宿。川大為了便利遊客起見，並沒有租用它。儘管抗戰時期汽油缺乏，成都峨眉的公路班車改燒木炭，常常拋錨，可是遊人還是相當多。除了冬天外，這個招待所是經常住滿的。許多黨政軍負重要責任的人抽暇來遊，都在這個招待所裡住過。

伏虎寺絃歌不輟

出報國寺大門，向右沿山路走三華里，就到了伏虎寺。伏虎寺比報國寺大得多，不過房屋很破舊，廟產很少，所以無錢修理。川大將它全部租下來，大加修繕，成為校本部和文法兩院所在地。除了保留少數房間，供和尚使用外，客廳、大殿，和正樓，都改做學生宿舍，右邊的偏殿改做女生宿舍，左邊的客廳和客室，則改為校長、教務、訓導、總務、三處，和兩院院長，各系主任的辦公室。另外一座閣樓改為圖書館，由皇城搬了十萬卷圖書到峨眉，供師生研究參考之用。又在空地上建了幾十間教室，和一個可容七百人的大禮堂。文、法兩院二、三、四年級學生最多時到過六百七八十人，全部住校。白天加上上課和辦公的教職員，超過八百人，但是並不覺得太擁擠。至於理學院則設在萬行庄，一年級新生全部在鞠漕，租用民房，集中受軍事管理。

伏虎寺不但寬敞，而且風景也很好。它的山門離正殿很遠，國立四川大學的校匾是戴季陶先生題的，每字有二尺見方，掛在山門上很雄偉。沿著石坡上去，兩旁都是樹木，下面又有一道溪水，終年不斷地流著，要走將近半里路，到橫貫溪水的一個閣樓，那就是圖書館。再走上去約二十丈，又有一個牌坊，我就集古人成語「仁者樂山，智者樂水。」「十年樹木，百年樹人。」做一副對聯，掛在那裡。再進五六丈路，就到了正殿大門，由這裡望出去，右邊是虎山，山形好像一頭作勢要搏人的猛虎，左邊是鳳坪，山形好像一隻振翼要起飛的丹鳳。兩座山都長滿了樹木，沒有一點隙地。青葱的山色加上淙琤的澗聲，真是一個優美的研究學問的環境。

龍門洞扶竿而遊

三十年五月八日那天，我們一行，連同挑行李的滑竿夫，共十一人，上午九時由報國寺出發。出門向左在田野裡走大約五里多路，就到了龍門洞。龍門洞是峨眉名勝之一。一條叫做符文水的溪，由山上流下來，流得很急，到龍門洞成為一個深潭，顯出深綠色。溪的右岸是登山的大路，一所龍門精舍就在溪邊，裡面有幾間客房，供遊人憩息。我雖則沒有在精舍裡住過，可是有好幾次利用星期天，邀川大教授裡喜歡下棋的朋友，胡芹生、楊秀夫、柯惠棠、馮穆伸等，到這裡來遊玩，一面奕棋，一面欣賞那奔騰的溪水，眺望龍門洞的景物，往往從清早去直到傍晚才回來。友朋的談笑，山水的怡情，和奕棋的樂趣，兼而有之，是人生不可多得的事。

龍門洞在溪的左岸，我雖常到龍門精舍，而龍門洞卻只去過一次。符文水上面沒有橋樑，當地居民在兩岸釘木樁，樁上舖一塊木板，就成為交通要道。滑竿夫和農人走慣了，穿了草鞋安步而過，完全不當它一回事。可是外面來的遊客，從來沒有這種經驗，要他穿著皮鞋，從兩丈長而不到兩尺寬的木板上走過去，而且兩三丈下面是奔騰的溪水，任何人都不願冒這種險的。因此遊山的人大都只在對岸望望，就算遊過龍門洞了。這次我們也沒有去遊，後來卻有機會真正到過龍門洞一次。那就是三十一年夏天，龍門精舍的主人請客，他知道我沒有到對岸去過，飯後特意叫兩個人站在木板兩頭，兩隻手各拿一根長竹竿，作為扶手，我和川大幾位教授，在兩根竹竿夾持之下，小心翼翼地走過去。可是到了洞裡一看，未免有點失望。洞不過七八丈深，三四丈寬，裡面有些石桌、石凳，相傳仙人在此下過棋，此外便沒有其他點綴了。天下事往往如此，可望而不可即的地方，自然會引起人神祕的感想，可是等到真正身歷其境，就會覺得見面不如聞名了。

清音閣雙橋虹影

由龍門精舍沿山路前進，大約十一二華里，就到了清音閣。這是一座小廟，可是環境非常好。廟在群山當中，符文水經過廟旁流出去，廟門前有兩座石橋。離石橋不遠，有一塊一丈多高的大石，矗立在溪流中間，水流得很快，到此被大石擋住，只好分成兩支，繞石而過，打在石頭上浪花飛濺，而且琤淙有聲。大石形狀極像牛心，所以廟門前有一副對聯：「雙橋兩虹影，萬古一牛心。」因為閣離報國寺不到兩小時的步行，而且也不太高，所以我來遊過多次，有時還和朋友在廟門前下圍棋。我曾做一首七絕，讚賞廟景：

偶來古剎賞清音，虹影雙橋映水深
一石中流成砥柱，萬山低首看牛心。

黑龍江與洪椿寺

由清音閣再往上走，經過另外一道溪水，叫做黑龍江。水流得很急，遊客時而由左岸到右岸，時而又由右岸回到左岸。溪上並沒有橋，只是剎用溪裡的大石塊，從這塊大石跨上那塊大石，這樣過去。石塊上面有水，因而是滑的，我穿皮鞋，過橋時真有臨深履薄的感覺，每過一次，鞋襪都會濺濕。可是黑龍江行路雖則艱難，風景卻非常秀麗，比到西湖的九溪十八澗幽深多了。沿溪要走三里左右，才又上山坡，離開清音閣大約十一二華里，就到了洪椿坪。

洪椿坪是山腰一塊坦平的地方，地形長方而一頭比較濶，一頭比較尖，有點像一隻五指合攏的手掌。懸崖邊上原來長有兩株椿樹，現在只剩一株，高有四丈多，大則兩人合抱。傳說這就是莊子〈逍遙遊〉篇所講的「以八千歲為春，八千歲為秋」的大椿，因此當地人叫它做洪椿，地也由椿樹得名。當然莊子的話只是寓言，可是這株椿樹，很可能是千年以上的古樹。

洪椿坪有一座廟叫洪椿寺，門口有一副對聯：「象鼻捲地，寶掌擎天。」是形容當地景物的。象鼻捲地指的是椿樹枝柯斜生出去，很似象鼻，可是沒有寶掌擎天那麼切合。這個寺比起報國、伏虎，小得多，可是寺裡面的客室很幽靜，有石池和花木，又因為它拔海三千多英尺，夏天比報國、伏虎，涼爽得多。因此二十八年夏天，國民政府主席林子超先生在寺裡避暑。我在洪椿寺也寫了一首七絕：

山深市遠絕囂塵，寶掌擎天氣象真。
世事千年彈指過，滄桑飽覽有洪椿。

蘇大使呈遞國書

林主席在洪椿寺避暑的時候，發生一件特別的事，值得一記。那年八月中，蘇聯新任駐華大使潘友新（Alexander Paniushkin）到達重慶。當時蘇聯正援助中國抗日，而外交慣例，使節在呈遞國書前，是不能公開活動的，因此外交部希望潘友新能夠迅速呈遞國書。可是如果等候林主席回到重慶，那就還有一個多月，為了爭取時間，行政院就呈准林主席，請潘友新到峨眉去呈遞國書。這是中國外交史上破天荒的一件事。

呈遞國書預定九月一日中午在洪椿寺舉行。這項隆重典禮，總得要有幾個人參加，所以我和當時在萬年寺避暑的劉守中先生，就被邀請觀禮。我那天清早由報國寺坐滑竿到洪椿寺，走了兩小時半。潘友新感覺蘇聯標榜「勞工神聖」，他不好意思坐林主席派去迎接他的轎子，而從報國寺步行上山，所以下午一時半才趕到。他和外交部祕書段茂瀾君，都走得滿身大汗。到後洗澡換衣服，直到下午二時才舉行典禮。禮堂就是佛殿，不過臨時用紅幔將佛像遮起來。儀隊站在寺前，軍樂隊就站在天井裡，儀式很簡單，潘友新的頌辭和林主席的答辭都簡短，一共只有二十分鐘，就告結束。

禮成後，主席先退，我在客室和潘友新談話。潘是蘇聯騎兵學校出身，曾做過騎兵師師長，年紀很輕，當時才滿三十四歲，到中國來是第一次出國。他根本不懂英文，所以需要繙譯。他告訴我，林主席的儀表在和藹當中帶著莊嚴，他深深表示欽佩。他帶來一同覲見林主席的人員，有參事司高磋（Ckeopuoe）和一等祕書謝維內（Severny）。此外還有重慶塔斯社主任羅果夫（Vladiniv Rogov這個人返國後，是第一個在蘇聯雜誌上寫文章罵國民政府而捧中共的人。）也來採訪新聞。

二時半，林主席設宴招待潘友新，一共三席。中間一席只有六人，除林主席和潘大使外，就是我、劉守中、段茂瀾，和參軍長呂超。筵席是成都榮樂園承辦的，菜由三百華里外送來，居然還是鮮美可口。那次宴會到四時才散，潘友新換了便衣，依然步行下山，我則再和林主席談話，直到五時半才辭別。回到報國寺後，我寫了一首七律，記這件史無前例的事：

佛寺權和廊廟倫，秋陽皎潔迓嘉賓。
名山事蹟添佳話，元首威儀服遠人。
捷步登臨腰腳健，珍肴羅列凡筵春。
輔車形勢長相憶，立國由來貴善鄰。

扁擔岩、壽星坡、仙峯寺

洪椿坪以上的山路，比到洪椿坪下面要險峻得多。出洪椿寺後七華里，到了扁擔岩，一邊是峭壁，一邊是懸崖，而且兩山距離很近，樹木又多，不見天日，所以境界非常陰森。我們從峭壁傍山路走過去，都有著慄慄危懼的心理，幸而是結伴同行，如果一個人獨行，必然更加膽怯。

再走約三華里，經過壽星橋，橋下溪水奔騰，聲音甚響。過橋就是壽星坡，俗名叫九十九倒拐，石坡很陡，而且三五十步就是一折，一共是五十多折，一千七百五十級，才到坡頂。廬山有處地方也是很陡的石坡，一共八九百級，當地的轎夫叫它做好漢坡；意思講遊客能夠不坐轎而步行上去，就可稱好漢，可是和壽星坡一比，那就是小巫見大巫了。

我們一口氣走上壽星坡，當然很吃力，幸而坡頂有個茶棚，我們坐下來吃茶休息。三十分鐘後再前行，又走了十華里，就到了仙峯寺。這個寺建在峭壁下面，寺前杉樹成林，群峯環繞，風景非常清幽，可是眼界卻不夠開展。稍微休息一下，寺裡和尚陪我們去看九老洞和天皇台。相傳黃帝曾到此訪天皇談道，同時發現有九個仙人在石洞裡居住，洞和台都由此得名。仙峯寺門前有九老仙府的匾額。石洞並不太大，進去後只能走二百五十多步就到底，也看不出九老有任何遺跡。天皇台則是一塊寬約半畝的平地，前面都是小山，比天皇台低得多，所以豁然開朗，可以望見一百里外的青衣江和夾江縣城。九老洞前面的石壁上徧生樹木，裡面有幾株拱桐，是峨眉有名花卉，可惜花時已過，只有一株上剩了兩朵。花是純白色，花冠對生兩瓣，好像兩個人在那裡打拱一樣，所以叫拱桐花。微風一過，花瓣飄動，又像小的白鶴在空中擺動雙翅。我們自覺有眼福，因為拱桐開花的時間很短，只要來遲兩三天，可能就看不見了。我因此也做了一首七絕：

名山不愧稱仙府，佳卉端宜植玉京。
安得結廬傍絕巘，便從九老學長生。

那天我們就在仙峯寺住宿，寺裡所做素菜是全山之冠，我們既享眼福，又享口福。晚飯後又到天皇台去賞月。那天是陰曆四月十三日，月已快圓，而且天宇澄清，月色格外明亮。同樣峯巒，白天看起來覺得它們高大雄偉，月色下則沒有這種感覺，而是發現一種朦朧神祕的美。青衣江水映著月光，顯出淡紅色，夾江縣城只露出三四點燈火，整個環境清虛寂寞，使得人有悠然世外的感想。這種月色在成都重慶都不可多得，我們居然在高山上遇著，可說有緣。因此，在月光下徘徊很久，不想回寺。可是仙峯寺海拔將近六千英尺，溫度比山腳經常低十度左右。我們日中爬山時穿單衣還流汗，到仙峯寺後就穿夾衣，晚餐後又換棉衣出來賞月。到十時以後連棉衣都抵禦不了寒氣，只好快快回寺睡覺。

攢天坡與洗象池

第二天早晨七時半，我們離開仙峯寺，經過遇仙寺，和蓮花寺，就到了攢天坡。這個坡比壽星坡更高也更加險峻。兩個石級相距往往八九寸，有時到一尺以上，所以走起來更吃力。坡分做三段，每段終點都有茶亭供遊客休息。我們只在第一個茶亭坐了片刻，就一直走到坡頂。再往前走，不久就到了洗象池。洗象池海拔比仙峯寺又高了一千英尺。寺前有一個用方石砌成的圓池，直徑約兩丈，四圍石欄高出地面也在一丈以上，與其說它是池，不如叫它做井。傳說普賢菩薩騎白象上山，在這個池裡為象洗澡，以此得名。龐然大物的象如何能登峨眉，這顯然是齊東野人的話。

洗象池附近猴子很多，是峨眉遊客所欣賞的對象之一。來的時候往往七八十成群，由一個大猴率領。遊客如果用餻餅餵它們，一定要由領隊的猴先接了，其他猴子才敢來接。這些猴子都很馴良，遊人可以用手去撫摩它們，可是如果有人傷害它們，它們就會拚命，有一次一個遊客抱著一隻小猴，想將它帶走，猴群立即全體動員攻擊，那人衣服也被撕破了，手腳也被抓傷了，不是和尚出來得快，可能犧牲了生命，猴群出沒無常，有時天天到寺裡來，有時兩三個星期不來，我們這次不巧，一隻也沒有遇見。

閻王坡上桫欏樹

由洗象池再上去就是羅漢坡，石級整齊，比壽星、攢天，兩坡好走得多。沿途都是冷杉，形狀和仙峯寺前的杉樹相同，可是性耐寒冷，所以能在高山上生存。再上是閻王坡，看了名字就可以知道它險峻，可是沒有壽星坡、攢天坡，那樣高，所以很快就走完了。閻王坡兩旁有許多桫欏樹，高在兩三丈左右，正在盛開。花像鈴形，顏色有深紅、淺紅、淡黃三種，非常嬌豔，四圍是墨綠色的樹葉，和美人雲鬢一樣。我們看見這種美景，精神一振，登山的疲勞消除了不少。方植夫講這類樹要在海拔八千英尺左右才有，我當場做了一首絕句；

淺絳微黃秀可餐，依稀霧鬢與風鬟。
名葩不願沾塵俗，留與山靈帶笑看。

經過白雲寺，海拔已到八千一百英尺，再前行過雷洞坪，是一個斜坡，走起來毫不費力。

坡旁就是峭壁，因為樹木遮住了視線，所以不覺得險，偶然有一兩處缺口，從那裡望下去直到谷底，驚心動魄。過雷洞坪再走三華里，就到了接引殿，在峨眉主峯下面，海拔已經八千四百英尺，在太陽下面行動不覺得冷，一到陰處坐定，就可以穿棉襖。在這裡可以眺見岷江和青衣江合流處的嘉定。

我們在寺裡休息午餐後，再往前走，經過七里坡到達太子坪的萬行禪院，裡面供明神宗太子像，地以此得名。寺的海拔是九千三百七十英尺，再上去就只見冷杉，沒有其他樹木了。再上去經過永慶寺、沉香塔，到天門石。兩塊大石對峙，相去不到一丈，成為一個天然的門。再經過七天橋、普賢塔、錫瓦殿，將近下午四時，就到了峨眉絕頂。

金頂攬勝

峨眉絕頂有三個峯尖，叫做金頂、千佛頂，和萬佛頂。遊客都是先到金頂，再到其他兩處。過去大家以為金頂最高，後來金陵大學森林系教授廖君帶了儀器來實測，才發現金頂海拔一〇〇二〇英尺，千佛頂比金頂高二十英尺，萬佛頂又比千佛頂高二十英尺。不過廟宇卻以金頂殿為最大，我們也就在金頂殿留宿。殿門朝西，我們到時，陽光正強烈，所以溫度比較高，是攝氏六十一度。我們稍微休息一下，立即走到殿後平臺眺望。我們是從西邊來的，那是一個斜坡，而東面則是懸崖削壁，真是一落千丈。幸而平臺四週都有木柵，所以遊客敢靠近邊緣俯瞰。南邊同在削壁上的就是千佛頂、萬佛頂，兩殿，看得很清楚。因為高度相差不遠，所以從金頂看起來，反覺得它們更低。

東北兩方則是小山和原野，可以看得很遠。因為遠處有點霧氣，所以看不見嘉定，可是蘇稽白塔卻很顯明。向西望可以看見五百多華里外西康境內的貢噶山，那是海拔二萬四千七百英尺的雪山，比峨眉高出一倍半。山頭積雪皚皚，山脈很長，綿延幾百里不斷。西南是瓦屋山，沒有峨眉高，山頂不是尖峯而是塊平地，好像房屋上面蓋了瓦片一樣。更南就是大涼山。我們站在平臺上，真有「登泰山而小天下」的氣概。尤其山腰有白雲出來，我們比白雲高得多，所以我就寫了一首七絕：

浩浩天風萬里摶，此身已出白雲端；
峯巒俯視皆臣服，快意平生作大觀。

金頂在明朝萬歷年間，由皇室出內帑，命嘉定知府王某建造一所銅殿，寬二丈五尺，深一丈三尺五寸，高一丈四尺四寸。門、窗、壁、柱，和屋瓦，都用銅鑄成，上面還鍍得有金，在太陽光下燦爛可想。傳到清朝末年，因年代久了，漏雨，和尚們就在銅殿外加建一層木屋來保護它，不料因此發生禍事。西藏人來山禮佛，焚燒紙錢，把寺旁空地的乾草燒著了，由乾草燒到木屋，結果銅殿完全熔化。民國初年，四川軍政府將銅運到成都，製成銅元。現在金頂只留了兩個小銅塔一高八尺，一高六尺，和一座銅碑，碑文紀當時建殿故事，係集王羲之和褚遂良字體而成。因為年代久了，碑的顏色和石頭一樣，但是用手指一扣，就發生清越的聲音。因為都在銅殿外，所以沒有熔化。

佛燈

金頂殿的住持正法和尚，是川大前身成都大學畢業生，所以對我們特別殷勤招待，陪我們去遊千佛頂和萬佛頂。看起來很近，但是山路彎曲，走起來足有八華里。過千佛頂沒有進去，就到萬佛頂。頂後有木臺，是峨眉真正的絕頂，我們上去眺望，因為天色已傍晚，風特別大，只略略停留，就走回金頂。晚餐後再登殿後平臺，眺望月色，如同在天皇臺所見一樣的皎潔。四面山峯靜穆得和入了定的老僧一樣。下望山谷，看見紅光三四點，忽明忽暗，忽前忽後，小的只有蠶豆大，大的則如燈籠。我們正詫異山谷裡沒有人家，那來燈火，我忽然想起在廬山大天池所見的佛燈，雖則那次見得多，這次見得少，但是性質是一樣。至於佛燈究竟是什麼，就不容易答復了。有人說是燐火，但燐火是綠的，而佛燈是紅的。而且礦物發光應該固定在一處，何以能夠移動，這都有待科學家來研討了。金頂月色雖好，可是寒冷異常，我們雖著棉衣，依然不能久留，不到九時就只好進殿了。

絕頂看日出奇觀

五月十日早晨五時就起床，匆匆洗面嗽口後，立即跑上平臺去看日出。平臺上的溫度只有攝氏四十多度，我們除了穿棉襖外，還將寺裡棉被披在身上，否則抵不住寒氣。那時東方才出現一點紅霞，空中已布滿白雲，成為雲海。海面距平臺不過一百多英尺的距離，所以一切峯巒都埋沒了，只剩金頂、千佛頂、寓佛頂，三個小島，露在海面上。不久東方光芒強起來，半邊天都成紅色。到五時半，太陽才在光芒裡露出來。起初很小，像一個直徑五六英寸的盤子，升得越高，直徑也越大，光芒也越強烈，後來大如車輪，光芒不可逼視。陽光正對著貢噶山，照在積雪上面，更顯得白潔。瓦屋山、大凉山，都只露出尖頂，那種氣象真是偉大美麗，我們都嘆為奇觀。我過去坐飛機也曾遇見過雲海，可是沒有雪山陪襯，也沒有海上的小島，就遠不及此次所見了。我有一首七絕描寫當時景物：

朝暾初上半天紅，鋪絮堆棉滿太空，
絕頂三尖成海島，山河大地付冥濛。

到了六時，太陽已經很高，平臺下的雲裡面忽然發現一圈圓光，週圍現彩色，中間則是白色，如一面大鏡子，這顯然是陽光的反射，可是一般人叫它佛光。可惜金頂殿屋脊遮蔽了圓光一小角，否則我們幾個人的倒影必然在光圈裡面，就成為佛像了。

華嚴頂與萬年寺

七時我們依依不捨地離開金頂，看了附近的乙祖殿和臥雲庵，不久就走進了雲裡，直到接引殿才出雲層。過了蓮花寺，由另外一條路下山，中午到了華嚴頂。這是一個突起的孤峯，四邊都沒有依傍，海拔六千四百多英尺。頂上有一座華嚴寺我們到裡面午餐，坐在走廊上，一面可以見洗象池和九老洞，一面又可見山下的平野。寺裡有峨山旅行社的招待所，供遊客在這裡避暑。

出了華嚴寺，經過上天梯、駱駝嶺、萬壽坡、觀心坡、頂心坡，這些地方，因為石級年久失修，到處都是碎石，比起壽星坡、閻王坡，還難走。幸而中途有初殿、長老坪、觀心庵等小寺，每走一段可以休息一下。二十華里的路程足足走了三小時，下午四時才到萬年寺。這個寺相當大，一共有三進院落。我在民國二十八年七月來峨眉勘察遷校地址時，曾在這裡住過一晚，這次是第二度了。四週樹木非常茂盛，可是地勢不高，眼界不遠。寺裡有明代的銅鐘，撞起來聲音宏亮。

由萬年寺再前行，雖則依然下山可是路卻平坦得多了。經過四全亭、金龍寺、白龍洞，因為天快黑，都沒有停，一直走到龍門精舍才進去休息喝茶。由萬年寺到此也是二十華里，走了不到兩小時。七時一刻再動身，八時正回到報國寺，結束了這次旅行。三天之內我步行了一百八十華里，而且一半是很難走的山坡，所以下山以後第二天兩腿酸痛，幾乎不能舉步，過了四五天才完全復原。儘管如此，我對於這次遊山一點不後悔，因為所得的樂趣，遠超過身體的疲勞。

高僧和劍俠

峨眉以高僧和劍俠馳名，讀者一定會問我在峨眉三年，遇見過多少這類人物呢？我的答復是使大家失望的。首先談和尚，峨眉大小有三十多個寺廟，除了極少數外我都到過。只有金頂的正法是一個受過高等教育而後出家的知識分子，其他可以說都是知識水準很低，對於佛教認識很淺。最糟的是他們對於佛門戒律一點不能遵守，飲酒吃葷是很普通的事，甚至自己動手殺雞宰鴨以饗遊客，並且敬陪末座。報國寺的住持果玲是峨眉最出名的和尚，因為蔣委員長曾駐節報國寺，又因為中央要人來遊峨眉的也必經報國寺，所以他認識的達官貴人很多，其中不少人曾題字送他。果玲因為有了名氣，不好意思公開吃葷，可是背裡一樣吃豬牛雞鴨。他並且沾染了鴉片煙癮，天天要吞雲吐霧。為了滿足性慾，他還和報國寺一個佃戶的妻子同居。這樣的和尚可以做住持，還有什麼清規可言。

寫到這裡，我忽然想起馮玉祥的一段故事。馮玉祥是在民國三十年夏天來峨眉遊覽的，也住在報國寺。因為他身體太重，普通的滑竿根本載不起，所以我就將川大自製的籐轎，供給他用。第二天早晨，我看他從報國寺出發。他坐上籐轎，兩名轎夫一抬起，立即肩部連後頸都壓紅了。我懷疑他遊山的目的能不能達到，果然下午他很早就回來了。我問他原因，他講轎夫到了清音閣，無論如何不肯再往上抬，他又無法步行上去，所以在那裡吃了一餐午飯，就回報國寺了。馮玉祥遊山不成，一肚子不痛快，所以回到重慶後就寫了一首詩，借和尚來出氣。那首詩相當長，我只記得中間兩句「峨眉山，真繁華，衛生痲將嘩啦啦。峨眉山，真稀奇，和尚佔了個戶妻。」這樣的歪詩，看了可以笑痛肚皮，可是《大公報》捧馮玉祥，居然將全文在第一張上登了出來。

至於劍俠，我在峨眉山不但沒有見過，連聽都沒有聽過。在江浙一帶，大家聽說峨眉出劍俠，真正到了峨眉，反而沒有人談起劍俠了。我在峨眉只聽見過一個帶神祕性的故事，那是由住在清音閣附近的人家傳出來的。有一天早晨，這些人家的婦女到溪邊去洗衣服，忽然看見一個穿道士衣服的人在溪水裡面。大家以為他失足落水淹死了，就拿竹竿去觸他一下，不料他忽然睜開兩眼，坐了起來。問他在水裡做什麼，他說遊山累了所以休息一下。講完就上岸來，大家看他的衣服一點不溼，都覺得奇怪。問他從那裡來，他講就在峨眉，可是沒有固定住的地方。他看了看日影，忽然講：「時間不早，我要走了。」大家一眨眼，他就不見了。這件事當時在峨眉傳得很盛，甚至有人講是呂洞賓來訪。在我看來，顯然是無知識的婦女渲染過火的話，而且只有這麼一次，以後也不曾再有人遇見這個道士。

我在峨眉沒有見到劍俠，可是在重慶卻遇到自稱來自峨眉的異人。有一次我到重慶參加中央全會，在洪蘭友兄宴客席上，看見一個服裝奇怪的中年人。蘭友介紹這是峨眉來的某先生（我已記不起他的姓名），很有法術。他本人也高談濶論，誇他的本領。正講得眉飛色舞的時候，旁邊忽然有人問他，「程校長住在峨眉很久，你們過去見過面嗎？」他一聽我是由峨眉去的，立刻矮了半截，以後講話就吞吞吐吐，沒有那麼起勁了。我不願當許多人的面揭穿他的西洋鏡，也就不追問下去。有了這次經驗，我相信一切對於峨眉劍俠的傳說，不是出於小說家嚮壁虛造，就是和某人一樣，欺騙從未到過峨眉的人士。

（原載《自由談》第十五卷第七期）

四二事變四十週年感想

民國十六年，四月二日在南昌所發生的四二事變，許多外省人看起來是江西的地方事件，在中國歷史上並不佔一個了不起的地位。今天五十歲以下的同志甚至於不知道四二事變是怎麼一回事，可是在我的眼光裡，四二事變是劃時代的一件大事，值得中國人民和中國國民黨同志永遠記憶。

跨黨份子包藏禍心

從民國十三年中國國民黨改組到民國十六年春天，這三年多的時間，國民黨採的是容共政策，很多中共黨徒都加入了國民黨，成為跨黨分子。儘管他們包藏禍心，利用滲透方式，到本黨內部來篡奪黨權，可是表面上他們口口聲聲講遵奉總理遺教，服膺三民主義。本黨也寬大為懷，讓他們在黨在政府擔任重要的職務，給他們以共同致力國民革命的機會。十五年七月北伐開始以後，跨黨分子儘管暗中極力阻撓，惟恐北伐成功。可是表面上雙方還是合作。直到十六年四月二日那天，在跨黨分子把持下的南昌市黨部，策動左傾的工人和學生，搗毀江西省黨部，將我和羅時實、曾華英、王冠英、閔嗣禮、黃北樨等忠實同志拘捕，囚禁在總工會裡面，他們的假面具才取下來了，國民黨和中共的關係也就開始了新的一頁。

四二事變以後一連串的事件接著發生。跨黨份子既然公開背叛本黨，本黨自然也不能不給他們以反擊，本黨中央執行監察兩委員會就在南京舉行聯席會議，決定從四月十八日起實行清黨。所有跨黨份子一律清除，違背國法的就加以處罰。到那年六月武漢的中央也將跨黨分子開除黨籍，於是本黨和中共完全脫離關係。共黨看見滲透顛覆的工作已經失敗，就走上軍事暴動的道路。首先是七月三十一日的南昌暴動，賀龍、葉挺、朱德，這批人，在南昌成立「革命委員會」，想奪取政權，可是受本黨忠實部隊的圍攻，僅僅五天就潰散了。到九月八日，毛澤東又在兩湖發動秋收暴動，武裝當地農民佔領了平江、瀏陽、醴陵、株州、咸陵、嘉魚等地，可是很快就被國民革命軍平定。毛澤東率領四百個殘部，逃到江西井崗山落草為寇。到十七年初，朱德在湖南另一次軍事暴動失敗後，也帶了殘餘部隊逃到井崗山，和毛澤東合流。這是江西共匪武力的開始，我們溯本窮源，可說是由四二事變演變而來。

決定攘外必先安內

時間過得真快我回憶民國十六年四月二日被共黨拘禁經過，恍如昨日，而今天已經是四二的四十週年了。在這四十年中，共匪的命運可以說經過了幾度的升沉。從十七年到二十年，由於本黨內部發生分裂，和北方閻馮的叛變，一再發生戰爭，井崗山的共匪乃利用時機，擴大勢力範圍，盤踞贛西贛南二十幾縣。二十年六月大局已經安定，蔣總司令親自駐節南昌，實行勦匪，三個月內共匪老巢已失，地盤逐漸縮小，很快地可以完全消滅。不料日本軍閥發動九一八事變，佔領瀋陽，蔣總司令當時是國民政府主席，只好回到南京，應付東北危局，國軍也抽調出來應變。結果共匪地盤又擴大起來，實力又增強起來，勦匪工作前功盡棄，可以說日本軍閥做了共匪的救星。

民國二十一年以後，軍事委員會蔣委員長決定了攘外必先安內的政策。首先勦滅了湖北、河南、安徽、邊區的匪患，到二十二年四月再度駐節南昌，實行圍勦。中間因討平陳銘樞在福建的叛變停頓了幾個月。二十三年春天勦匪工作恢復，政府動員五六十萬人，將包圍圈逐漸縮小，使得共匪在江西無法立足。在那年十月毛匪突圍而出，經過湖南、貴州、雲南、四川、西康，整整走了一年，才到了陝西北部的保安。毛匪突圍時還率領了八九萬人，在路上有的被國軍消滅，有的凍死、餓死、病死，到了保安時只剩了兩萬不到疲乏不堪的殘部，會合當地劉子丹高崗的土匪，也不到三萬人。陝北本來是貧苦的地區，人口少，糧食產量也少，這三萬左右的共匪，要想生存都不容易，更談不到發展。當時中央派張學良、楊虎城，負清剿殘匪的責任，假如他們肯努力，最多半年共匪一定全部消滅。不料他們受共匪聯合戰線一致抗日的虛偽宣傳所欺騙，按兵不動，甚至和共匪暗中勾結。到二十五年十二月蔣委員長親到西安坐鎮，督促張、楊剿匪，他們居然發動西安事變，劫持蔣委員長，使得剿匪軍事又一次功敗垂成。張學良可以說是共匪第二度的救星。

共匪乘機擴大勢力

西安事變解決後僅僅半年，日本軍閥就加緊進行侵略，引起中國的全面抗戰，抗戰發生後，共匪發表共赴國難宣言，表示願努力求三民主義的實現，取消暴動政策和蘇維埃政府，紅軍改編做國民革命軍，受國民政府軍事委員會的統轄。政府為了團結全民一致對外，接受了共匪這幾點，而且希望他們真誠悔禍，共同禦侮。表面上和四二事變以前一樣，中共份子又信仰三民主義和擁護國民黨了，事實上他們是利用時機為奪取政權鋪路。正如毛匪對共匪政工幹部訓令所講共匪在抗戰期間的政策，是七分擴張，兩分對付國民黨，一分抗日。國軍在前方英勇作戰，在敵人優勢砲火下不能不後撤，用空間來爭取時間，而共匪則乘機在敵人後方擴大勢力範圍，甚至和敵人前後夾攻國軍，來擴充實力，經過了八年血戰到日本投降時，共匪所控制的地盤，由陝西、甘肅、寧夏邊區，二十幾個縣，擴充到十九個「解放區」，面積達到三十萬平方英里，所控制的人口由兩三百萬擴充到八千五百萬，匪軍兵力由四萬五千人增加到五十萬人。

抗戰勝利以後，美國杜魯門總統怕中國發生內戰，就派馬歇爾將軍來華調停。政府為了不願在長期戰爭之後，又發生戰禍，使人民再受苦痛，接受美國的好意和共匪談判。可是共匪卻採取打打談談，談談打打的策略，在匪軍力量小的場合就要求停戰，而在匪軍力量佔上風的時候就襲擊國軍。因為和談關係，使得國軍錯過了利用抗戰勝利的威聲消滅共匪的機會。加上共匪得到蘇聯援助而政府反而得不到美國的援助；法幣和金圓券兩次崩潰，使得物價飛漲；國軍官兵和公教人員心理都浮動；共匪逐漸由劣勢轉成優勢，整個大陸就在三十八年底淪陷共匪之手。民國十六年井崗山星星之火，在二十二年後造成燎原之禍，真使人痛心疾首，感慨萬千！

猙獰面目終於暴露

共匪竊據大陸到今天已經進入第十八年。在匪偽政權初成立時，大陸上許多同胞對它還存有若干幻想，以為共匪可能將中國治理好。等到共匪的猙獰面目完全暴露，鬥爭清算的暴行越來越殘酷，大陸同胞所受的苦痛越來越深切，大家對共匪自然充滿了怨恨。可是在暴政之下敢怒而不敢言，大陸在表面上是安定的，共匪的權力中心也可以發號施令為所欲為，因此許多天真的外國人認為匪偽政權已經穩定，沒有人能夠推翻它了。那裡曉得，天奪毛匪之魄，從去年夏天起，發起「文化大革命」運動，利用幼稚的青少年，組織「紅衛兵」，要他們造反，要他們奪權，要他們打倒當權派。毛匪這樣做當然是想打垮共黨裡的劉少奇、鄧小平等反毛派，可是劉、鄧等人不甘被排斥，自然也要拚命還擊。結果，共匪內部四分五裂，威信掃地，而且由中央而地方，由北平而到各省區，到處都是反毛派和擁毛派的鬥爭。由匪黨內部而傳播到黨外，由青年而傳播到社會各階層，甚至發生大規模衝突和流血事件，教育破產，交通梗阻，生產停頓，軍心動搖，整個社會表現無政府無秩序的狀態。毛匪今天雖想改變作風，要周匪恩來收拾殘局，可是已經能發而不能收了。

大陸上人民都知道十多年來政權在共匪手裡，也就是在毛澤東手裡，今天叫他們造反，當然就是造毛澤東的反，叫他們奪權，當然也就是奪毛澤東的權，因此反共反毛運動自然乘機而起，無法阻止。江西是反毛最熱烈的省區中的一個。四二事變是共禍的起點，井崗山是共匪最早的根據地。我盼望由於江西同志同胞的努力，使得江西成為毛匪的墳墓，使得四二這個悲痛的紀念日，將來成為光榮的紀念日。

（原載《匡廬・書卷・溪聲》）

我所親炙的陳果夫先生

民國十五年十二月，我在南昌國民革命軍總司令部，第一次晤了陳果夫先生，當時國民革命軍克復江西不久，我由上海回到本省，果夫先生也由廣州啟程來到南昌。我們第一次晤談時間並不很長，但是我所得到的印象，是果夫先生對待一個青年（那時我才二十八歲）誠懇親切，毫不做作，毫無虛偽。不久我當選江西省黨部委員兼宣傳部長，果夫先生正在祕密團結忠實同志，做反共的工作，所以我們經常見面，而且在我寓所祕密開會，果夫先生有時也來參加，我逐漸更瞭解果夫先生的為人。光陰逝水，自那時起到果夫先生逝世，將近二十五年了，這二十五年中，除了我在國外的時間外，經常都有與果夫先生接觸的機會。其間果夫先生擔任江蘇省政府主席初期，我做了一年的祕書長，天天在一起辦公。民國三十二年至三十五年夏我擔任中央政治學校教育長，果夫先生是校務委員會常務委員，而且經常住在小溫泉，所以也隨時能夠向他請教。在這幾年當中我更徹底認識了果夫先生。

果夫先生對許多問題都有他特殊的見解，我對於他的見解，常常不敢苟同，提出相反的意見，甚至於對中央政治學校應該如何辦理，我和他也有不同的看法，但是這些見解上的不同，絲毫不影響我對果夫先生的敬仰，因為我深深感覺到在當代人物當中，果夫先生有他特殊偉大的地方，現在將我所認識的果夫先生偉大之點寫下來，就正於本黨各同志。

第一、果夫先生對黨的忠貞，對領袖的忠誠，是我所深深欽佩的。在共產黨滲入了本黨，幾幾乎篡奪了中央黨部的時候，果夫先生奉命擔任組織部長，在最艱難最困苦的環境當中，一點一滴的把黨權從共黨手中收回來。民國十六年四月，本黨毅然清黨，果夫先生也是主持人之一。清黨以後，果夫先生繼續主持組織多年，與共黨不斷奮鬥。也因此為共黨所最恨最忌的一個人，造他種種謠言，罵他是豪門，誣他是反動頑固，積非成是，弄得許多外國人，中國人乃至本黨同志中，也有人信以為真，古人說「名滿天下，謗亦隨之」真可適用於果夫先生。然而他因為愛護本黨，愛護領袖，甘心受謗，從不為自己分辯，這非有偉大人格的人是做不到的。

第二、中國古代大臣最重要的工作，就是在得人，果夫先生愛護人才，培植人才之熱心，是不可多得的。果夫先生自擔任黨政重要職務以來，就殷殷以吸引人才為務，黨內的優秀同志，黨外的優秀青年，經果夫先生賞識，推薦，而在政治，社會各方面，卓然有以自立的，真是多到不可勝數。而且果夫先生之提拔人才，是為公而不是為私，許多人經果夫先生的推薦而得到領袖的信任，重用，果夫先生從不對他本人講起，以自己居功。果夫先生之所以熱心辦理中央政治學校，也是想為本黨培植政治幹部人才，而決不如外間所批評的他存有何種私意。當然知人最難，古人說「君子可欺以其方」果夫先生所推薦所用的千百人當中，自然免不了有少數不肖份子，作出違法失節等不幸事件，但這是古今中外用人的人所不可避免的，我們決不可因果夫先生用錯了少數人，就抹殺他為國家為本黨培植人才吸引人才的苦心。

第三、果夫先生自二十歲起，就患肺病，以後一直沒有完全痊癒過，有時候一病就幾個月不能起床。意志稍微薄弱的人，在這種環境之下，一定是垂頭喪氣，什麼事都不願意做了；但是果夫先生有無比的堅強意志，永遠是積極進取，從不灰心，從不失望。我和他相知二十餘年，從沒有聽他講過消極悲觀的話，而總是勸同志，勸青年，努力向上。他自己也是和病魔奮鬥，和共產黨奮鬥，和一切惡勢力奮鬥，決不妥協，決不屈服。乃至於在白鶴林，在臺中，在臺北，病得最厲害，不能辦公，不能會客，不能談黨國大事的時候，也還是努力看書，寫作，決不讓光陰虛度。直到臨死還是如此。從前孔子講：「其為人也，發憤忘食，樂以忘憂，不知老之將至！」果夫先生可說做到「發憤忘病，勤以忘憂，不知死之將至！」這種偉大的精神真值得我們效法。

第四、不知道果夫先生的人，往往認為果夫先生畢生從事黨務工作，只是一個辦黨的專家，這是個極大的錯誤，果夫先生沒有由正規教育出身，但是他的天分極高，求學極殷，他的學問和事業，都是多方面的，而決不限於辦黨一端，果夫先生所研究所提倡的，包括有內政外交、教育、交通、衛生、醫藥、工業、農業、合作、金融、水利、電影、禮俗、烹飪等等，大而至於國家百年大計，小而至於婚喪禮節，一肴一菜之細微，果夫先生都有濃厚的興趣，去研究，去改良。他和朋友談起他所提倡天下第一菜，特效藥，教育電影等事來，可以滔滔不絕地談上兩三個鐘頭而毫不感疲乏。他逝世以後，友好搜羅他的已刊未刊的著作，共達二百幾十萬字，以一個四十年為病魔所困的人，同時又是不斷要和共產黨奮鬥的人，而在學業方面有這大的成就，真是難能可貴。

第五、共產黨誣衊果夫先生，是中國四大豪門之一，許多人將信將疑，但是只要看一看果夫先生私人生活，這種讕言就不攻自破了。果夫先生的生活，不僅夠不上豪門，連享受都談不到。他除讀書、作文、辦公、會客之外沒有其他任何的嗜好，民國二十二年我在江蘇省政府，和他在一起生活了將近一年。看見他自奉之儉有時使得我感覺慚愧。他除了常常有病，用於醫藥方面的錢較多外，其他的飲食，衣服，都和一般公務員一樣，毫無特殊的享受。這還是政府財政寬裕，官吏薪水照實支領的時代。等到抗戰時期我和他同在小溫泉，他的生活就更加刻苦了。當時主持幾個金融機構，如果想法弄點錢來改善私人的生活，真是易如反掌，但是他決不願如此做，最近幾年來，他長期養病，連醫藥費都要多方張羅，有時候靠朋友買點藥品贈送。

以生活如此儉樸，自奉如此節約的人，而說他是豪門，真是忍心害理。果夫先生逝世後，遺下來全部款項，只有六千臺幣。蓋棺論定他的廉潔，他的公而忘私，是永遠可為同志的模範的。

果夫先生一生事業，將來自有史家執筆，後世公評，我覺得就是上面所舉出這幾點偉大的人格，已經可使果夫先生不朽了！以果夫先生這樣一個人，如果身體健康，壽至耄耋，那麼他對國家對本黨的貢獻，必定比現在還要偉大得多。不幸病魔困擾了他四十年，使得他不能專心致志來從事工作或學問，更使得他在六十歲就棄我們而長逝，這真是國家的大損失，本黨的大不幸。「如可贖兮，人百其身」寫到此處，真不知涕泗之何從了！

（原載《匡廬・書卷・溪聲》）

追懷張溥泉先生

溥泉先生是我師友當中最富於同情心和正義感的一個人。我自民國八年上海學生發動大規模愛國運動時認識了他，直到民國三十六年冬，這將近三十年的長時期中，除了我在海外的十年外，都經常與溥泉先生指觸，隨時領他的教益。我們所討論的，從黨國大計，革命史實，時人軼聞，乃至於家庭生活，無所不談。溥泉先生對朋友，對同志，對後輩那種洋溢的熱情，和他對北洋軍閥，對官僚政客尤其對禍國殃民的共產黨，那種嫉惡如仇的精神，使得我深深地感動。溥泉先生觀人論事，我和一班朋友不一定完全贊同；但是他的豐富的情感，和不與惡勢力妥協的態度，是每一個與他接觸過的同志，都表示欽佩的。

溥泉先生是本黨同志中發現共產黨陰謀最早的一個人。自民國十三年起以迄他逝世，這二十餘年中，他成為本黨反共的中堅份子。他的反共完全是站在正義的立場，黨的立場，和國家民族的立場，絲毫不含有個人恩怨，更完全不顧及個人的毀譽榮辱。因為反共的原故，他受了共黨和左傾份子無情的打擊，乃至引起本黨同志的懷疑與誤解，然而他我行我素，不屈不撓，二十餘年如一日，到今天證明他的主張完全是正確的。

溥泉先生是具備中國墨家精神的人。他對於同志、朋友、或後輩，真可說做到了「視人之事若己事」的地步。凡是同志朋友，或後輩有求於他；不論事之難易，他一定挺身自任，替人家去奔走。往往因此不但費了許多精神和時間，而且受批評，碰釘子。有時候，我們旁觀的人都感覺得溥泉先生所要幫助的人，是否值得他如此出力地奔走，卻是溥泉先生則認為為人謀不能不忠，毫不在乎，從不改變他的作風。溥泉先生本來身體結實，是北方之強，然而因為幫助他人，常常嘔氣，影響到他的健康。三十六年冬的猝然發病逝世，也與援助同志爭候選人資格有關。溥泉先生這種精神，在這充滿了自私自利氣氛社會當中，真是鳳毛麟角，值得我們特別讚揚。

光陰過得真快，溥泉先生逝世已經三週年了。這三年來，溥泉先生生前所最憂慮的事不幸竟爾實現。蘇聯帝國主義的走狗，中國共產黨的妖氛，籠罩了整個大陸，政府退到臺灣島上來。大陸上四億五千萬同胞過著奴隸牛馬的生活，溥泉先生死而有知，一定為之轉側不安。然而自今年三月以來，自由中國的力量，一天一天在增長；而共匪的弱點一天一天在暴露；人民對偽政權的怨恨也一天一天地加深；加上世界民主國家已經開始覺悟，開始團結，不惜犧牲一切來保衛人類的自由生活和民主制度。我們相信，將來總有一天，民主國家和侵略國家做一個總清算。到那時蘇聯帝國主義一定步德國日本帝國主義的後塵，中國的毛朱這批賣國禍首，更是要受法庭的審判。青天白日旗重行飄揚於大陸之日，我們這班後死者，一定要鄭重祭告於溥泉先生之墓，溥泉先生也就可以含笑於九泉了。

（原載《匡盧・書卷・溪聲》）

【附錄一】

讀程天放先生的《美國論》後記

胡適

我的朋友程天放先生新著的《美國論》是一百多年來中國學人寫的介紹美國、說明美國、了解美國的一部最好的書。

程先生在自序裡說他在四十七年（一九五八）四月開始寫這本書，整整寫了二十個月，到四十八年（一九五九）十二月中旬方脫稿。《美國論》是三十萬字的大書，因為作者前兩年（一九五五—五七）在美國講學時已開始收集資料了，又因為他寫作很勤快，所以能在二十個月裡寫成這部大書。

這部書我曾從頭讀了兩遍，我覺得有幾點是值得特別指出的。第一，我很佩服作者搜集資料的勤勞，運用資料的謹慎。這書裡用的統計資料，絕大部分是最近兩三年裡發表的最新材料。例如二五六頁提到的國債限額，是去年九月初的數字；二五二頁提到的七百七十億美元的國家預算，也是去年提出的一九六〇年會計年度（即是本年度）的預算；二五三頁提到的就業人數六千五百六十四萬，失業人數三百六十七萬，都是去年十一月底的數字，可以說是這本書脫稿前幾天的最新數字了。

第二，我很佩服天放先生在這本書裡用的歷史敘述方法。他這本書是一本很好的美國史教本，比一些形式的歷史教科書更可讀，更有用。他先寫一個「得天獨厚的國家」（第一章），一個「正在成長的民族」（第二章），一個「三權鼎立的聯邦制度」（第六章），這就是美國歷史的基本知識。我們繼續讀他的「政黨制度下的民主政治」（第七、八章），「高度繁榮的經濟」（第十章），「資本主義下的勞工神聖」（第十一章），「從孤立到領導世界」（第三章），「普及全民的教育」（第十二章），「無遠弗屆的新聞事業」（第十四章），最後我們回頭讀他用氣力寫的兩章「反共和反戰」（第四、五章）：這就是一部很生動，很有趣味，又很有意義的美國歷史了。他在每一章裡，大致都依照歷史發展的層次，敘述各種制度的演變，分開來看，每章是美國社會的一個方面的專史。合起來看，全本書是一部美國史。

第三，我特別敬重天放先生在全書裡明白表現出他對美國民族與美國文化的同情熱心。他在自序裡曾說：我在這本書裡描寫的美國，……它有許多優點值得別的國家效法，可是它也有不少缺點需要改進。我對於美國的優點，充分地介紹給中國人，自信沒有溢美；對於它的缺點，也毫不掩飾地敘述。……

話雖這樣說，他對美國的同情心究竟遠大過他的批評態度，所以這本書的絕大部分是用很熱的同情心寫的，我們試看作者在第二章裡特別指出「美國人的特質」四點：第一是「拓荒者的精神」（Prioneer spirits），第二是喜歡獨立而不願意倚賴他人，第三是樂觀進取的精神，第四是好新奇，喜變動。他在第十七章裡又特別指出「美國的生活方式」和歐洲人或亞洲人比較，有若干重要的區別：第一，美國生產事業發達，農產品工業品都非常豐富，所以美國人民物質生活的享用在歐洲人之上，更遠在亞洲人之上。第二，美國的生活方式最講究效率，希望用最少的人力，最短的時間，收到最大的效果。這也是歐亞國家沒有做到的。第三，美國人的生話最近於西奧圖羅斯福總統提倡的「奮鬥生活」（the strenuous life），很緊張，很忙碌，「而不旨讓他們生命中的時間白日費掉」。這一點是和歐洲亞洲的老民族「以閒散不做事為享福的觀念」最不同的。第四美國人一切主張獨立，同時也最愛合群，「美國合群生活的發達也超過歐洲亞洲的國家」。

這都是最富於同情心的，美詞了，到了最後一章「美國文明的評價」，天放先生又特別題出美國的思想和制度「在整個人類文明史上有四種重大的成就」。這四種重大的成就是：第一是進步的人生觀。「美國人自殖民（地）時代就承認追求快樂是人類一種基本權利，所謂快樂包括精神方面的發展和物質方面的享受。……他們對於一切學問，一切制度，一切技術，一切生活方式，都是不斷的要求改良，要求進步，決不以現狀為滿足。」「這種進步的人生觀，對世界上落後國家是一針強心劑，打下去可以起死回生的。」（頁四八四）第二是在美國的社會裡，個人的聰明才智能夠儘量發展。「美國是一個新的國家，有新的環境，加上優越的物質條件，和美國人平等觀念與勞工神聖觀念，使得每一個人不論在政治，社會，科學，藝術，或工商業方面，都有充分發展他聰明才智的機會。我們不能講美國百分之百的做到了人盡其才，至少已經做到了百分的八九十。」（頁四九一）第三是「民主政治大規模試驗」的成功。在這一長段（頁四九一－四九七）裡，作者指出全世界現在只有十二個國家是「有百年以上民主政治的歷史，養成了堅強的習慣，奠定了穩固的基礎，……經過了長期試驗，而證明民主政治推行順利的」。在這十二個國家之中，美國的人口特別多（比英國大三倍半，比加拿大大十倍多），美國人的種族問題又非常複雜，所以「美國民主政治的順利進行，實在是很大的成就」。第四，「美國文明第四個大成就是，以愛好和平的人民，而能建立世界上軍力最強的國家，等到成為最強的國家之後，依然能保持愛好和平的心理，不走上侵略的道路」（頁四九七，又看頁五〇一－五〇二）。「因為美國人愛好和平，厭惡戰爭，所以美國不會走上侵略的道路，不但過去不曾走，將來也不會走。惟其如此，美國龐大的力量才成為自由民主的保障，是世界的福而不是世界的禍。」——（頁五〇二－五〇三）

我相信，這都是天放先生誠心相信的話，都是他從多年的觀察和成熟的思考得來的結論。我也知道，在這個年頭，肯說這樣，揚美國的話，敢說這樣坦白的歌頌美國文明的話，都不是容易的事，都需要堅強的信心與智識上的忠實。所以天放先生在這本書裡坦白表現他對美國的同情熱心，是值得我們誠心敬重的。

在一部三十萬字的大書裡，要找出一些小錯誤，當然不是很難的事。朋友們發現錯誤，可以隨時報告作者，使這本書重版時可以修正。我在這裡，只想指出這本《美國論》似乎忽略了兩個方面，似乎將來應該補敘。第一，我覺得天放先生應該有一章專講美國人的宗教。北美洲的英國殖民地，其中多數殖民地可以說是爭取宗教信仰自由的人創立的。從一六二〇年「五月之花」船上的新教徒起，到巴爾提摩勳爵（Lord Baltimore）為天主教徒建立瑪麗蘭，到那位個性最強的羅傑維廉士（Roger Williams）建立自由民主的羅島，到十七世紀後期奎克會（貴格會）友建立紐澤西及賓雪文尼亞兩個奎克會殖民地——新大陸上這些英國殖民地多少都含有宗教自由的樂土的歷史意義。獨立建國之後，新憲法的第一條修正案就明文規定，國會不得立法建立宗教，也不得立法禁約宗教的自由。這條憲法修正案是所謂「人民權利清單」（Bill of

Rights）的一個重要部分，一百七十年來至今繼續有效。美國是宗教派別最多，演變最繁，信仰最自由的國家。無論在鄉村，在都市，宗教的勢力，宗教的影響，都是很深厚的。所以我覺得在一部《美國論》裡似乎不應該沒有專討論美國人的宗教的一章罷？

第二，這本書裡有「嚴重的罪浪」一章，而沒有敘述美國的司法制度的專章，似乎也是一個嚴重的缺陷。「嚴重的罪浪」一章裡，作者用十八頁的篇幅來描寫「罪浪」，解釋「罪浪」，最後方用一頁（三九八—三九九）的篇幅來報告讀者：「我們決不可因此而誤認美國社會是一個秩序混亂的社會，美國人民都是違法犯罪的人。相反地，大多數的美國人都是尊重法律而自動地守法的。」我覺得這一章在全書裡是最缺乏平衡的一章。天放先生在此章的開篇引了吳稚暉先生說的「善進惡亦進」一句話，認為「真是至理名言」，我覺得那也是太悲觀的看法。這種看法和作者在全書裡熱心歌頌的「進步的人生觀」是根本不相容的。如果三五件或三五十件「駭人聽聞」的犯罪例子就可以「充分證明『善進惡亦進』的真實性」，那麼，進步的人生觀就不值得歌頌了。所以我覺得「嚴重的罪浪」一章是很容易使讀者誤解的，是大可以刪去的。我也覺得作者應該補寫一章記載美國的司法制度，特別敘述陪審制度，人身保護狀（habeas corpus），證據法的發達，司法權的真正獨立，律師在社會各方面的重要地位，等等——這樣的一章「美國人的司法制度與守法精神」似乎是《美國論》不應該沒有的罷？天放先生以為如何？

胡適　一九六〇，四，一六夜，在南港

（原載一九六〇年四月二六日台北《中央日報・學人》第一六二期。又收入程天放著：《美國論》修正版，一九六〇年四月台北正中書局出版）

【附錄二】懷念祖父程天放先生

程寶珠

今年是浙江大學一百二十年校慶。祖父程天放先生曾為浙大校長（一九三二－一九三三），承蒙密蘇里浙江大學校友會會長陳余榮請我寫一篇紀念祖父的文章。今年也正好是祖父去世五十周年，雖然時光流逝，然而往事依然歷歷在目。特在此將祖父的生平事略和我們的祖孫之情記錄下來，以茲紀念他老人家，同時以此文獻給浙大，慶祝浙大一百二十年校慶。

一、幼年到中學的求學經歷

祖父原名學愉，江西新建縣人。生於一八九九年農曆正月十六，浙江杭州，他的曾祖矞采為清道光年間湖廣總督。十歲那年，他父親仲芝因病辭官，返回故里休養，兩年後即與世長辭。

年幼喪父的祖父，較一般同齡的孩子早熟且個性穩重。在私塾上學，天資聰敏又好學不倦，能一目十行，過目不忘。由於祖父記憶力特強，直到老年，幼年時所讀的四書，唐詩宋詞等依然可以朗朗上口。

祖父在家鄉三年，除了讀儒家思想的古書之外，也涉獵歷史、地理、科學各方面的書籍，從歷史小說《孽海花》中得知反清復明的哥老會及提倡革命的領袖「孫汶」（《孽海花》書中所用的原名）、和《揚州十日記》清軍初入關後屠殺漢人和秋瑾被捕就義的歷史，同時從《地球韻言》、《海國圖志》等書中瞭解了世界地理，知道中國工業落後，看到滿清政府的腐敗，中國受到列強的壓迫，從此就立志要參加革命推翻腐敗的滿清政府。因此雖然出生書香門第、官宦世家，從曾祖父起代代都在清朝為官，家人也希望日後他能承襲祖業在清朝做官，但是祖父的革命思想，卻引導他走向完全不同的人生道路。

一九一一年，祖父十三歲那年，革命黨武昌起義成功，三星期後南昌也光復，他在家鄉得知勝利的消息，立刻剪了辮子，表示支持革命。民國成立後，新學堂興起，十三歲，離開了家鄉，到南昌接受新式教育。求學於私立心遠中學，刻苦勤學，中英文皆出類拔萃。深得校長的器重。在校時首次用英文投稿，被錄取刊登在商務印書館的《英文雜誌》上。

在心遠中學求學期間，中國在袁世凱的控制之下，一九一五年又有日本向中國提出二十一條不平等條約。全國上下群情激憤，祖父即代表同學起草電文，主張拒絕簽約，萬一日本用兵，當以武力抵抗。正預備聯合南昌各中學拍電文給袁政府，不料袁世凱已屈服和日本簽訂了喪權辱國的條約。因此他救國意識越發強烈和堅定。

二、領導五四愛國運動

心遠中學畢業後，祖父於一九一六年進入復旦公學（現上海復旦大學），在他四年大學生活裡最值得回憶的就是參加了學生政治性的愛國運動。當時袁世凱已亡，政權在北洋軍閥手中，政治依然腐敗。

一九一七年北洋軍閥張勳等人解散國會，又將溥儀捧出來復辟。祖父與幾位同學對於軍閥的橫行，異常氣憤，因此聯絡上海各校愛國青年組織中華全國學生救亡會，想喚起人民共同來挽救民國的危機。他們典當衣服，租了個小辦公室，發宣言、拍電報、辦雜誌、雖然後來因為學生們缺乏資金，因而無法繼續。這是開風氣之先的中國知識份子的愛國運動，比五四運動還早了兩年。

在復旦求學期間，一九一九年戰勝國對戰敗國在巴黎的凡爾賽宮簽署條約，要將德國在中國山東的權益交給日本，因此在北京引發了轟轟烈烈的五月四日愛國運動。祖父和幾位同學在復旦大學領導上海各地學生響應北大的「五四運動」，組織上海學生聯合會。並進行抵制日貨。六月三日祖父帶領千人學生罷課遊行，不畏荷槍實彈的軍警，在滂沱大雨中，昂然前進，上海市民受到學生愛國精神的感召，紛紛拿出雨傘為學生們遮雨，且跟隨著學生遊行抗議。全國大專院校及舉國上下也都相繼回應。北洋政府代表在眾怒難犯之下，也就不敢簽字，學生運動總算初步成功。

之後祖父當選為上海學生聯合會會長和上海學生聯合會日刊的總編輯。因才思敏捷，學生會重要文稿多出其手。孫中山先生從報上讀到其言論倍加讚賞，因而多次召見。對祖父勉勵有加。

三、求學海外

一九二〇年祖父考取江西省公費留考。赴美留學，初主修哲學。於伊利諾大學香檳校區轉讀政治，獲碩士學位。後因當時公費時常無法收到，為了生計問題，應加拿大的《醒華日報》

之聘請，到報社擔任總編輯，並且參加黨務工作，宣揚革命主張，且致力於溝通僑胞感情，促進僑胞團結。

同時進入加拿大多倫多（Toronto）大學攻讀博士學位。論文題目為「加拿大的東方移民」（Immigration in Canada）。細數東方移民的艱辛歷史，為東方移民遭受的歧視提出正義的呼聲，並分析國際公法之複雜問題。此文可為後人研究國際關係提供寶貴的史料。這篇論文由上海商務印書館印行，可惜在一九三二年淞滬戰爭時被燒毀。後來此書由楊春遠翻譯成中文，祖父親自校閱後，連載在《浙大校刊》第一一一期至一二三期。

四、從事教育工作

雖然祖父是主修政治，學成回國後除參政外，獻身教育多年。除了擔任大學教授，浙江大學和四川大學校長和政治大學教育長外，曾先後任職安徽省、湖北省和江西省教育廳長。一九四九來臺後為首任教育事務主管部門負責人。

(一)浙江大學校長(一九三二—一九三三)

一九三二年自從一月二十八日淞滬戰爭爆發後，政府財政相當困難，浙江大學經費已經欠發數月，四月祖父就任浙大校長，由於地方政府欠缺經費，浙大教授們無薪可領，他於是向國民政府及教育部救助，因而得到資助；蔣中正也以私人名義電浙江省政府，從七月起浙大可以得到按月分發的全額經費，解決了問題，師生們都很滿意。

一九三三年，國民政府決定派祖父為湖北省教育廳廳長，浙大文工兩院學生召開緊急會議，決定堅決挽留程校長，且決議電行政院，收回成命。他們宣布程校長在浙大的成績，反對任何人繼任浙大校長（申報）。然而上電無效，祖父還是離開了浙大，擔負起國民政府指派的新任務。

在浙大時期，除了繁忙的校務，祖父勤於寫文章，也好做詩。校刊上有他的「健行室詩存」可欣賞到許多文采飛揚的詩篇；有寄情山水、有憂國憂民、有送別友人等。其中一首在加拿大求學時所寫，贈好友黃季陸的詩（刊登在校刊第一〇四期），詩中最後兩句：「……睡獅會做驚人吼，佇看風雲起亞東……」預見了中國今日的強大崛起。

校刊上還有許多關於教育、政治、外交、時事、社論各方面的文章，如〈改革中國學校教育芻議〉刊登在一〇四至一〇七期，〈九一八事變之經過及吾人應採之方針〉等文稿。

〈改革中國學校教育芻議〉一文是有鑒於國家的衰微，社會的不安定，自「九一八」事變後，國人呼籲改革教育，以救國於存亡之際。在此文中他提出五點改革教育的目標與方針。

一、要普及教育，中國百分之八十農民沒有受過教育，沒有能力自衛，對國家民族危險情況茫然不知，不知道團結。國家需要提高他們的知識，培養成健全的國民。

二、要培養生產份子，我國生產落後，許多食衣住行等日常生活用品都仰賴舶來品，要能教育出有生產能力的國民。

三、學校要有良好的師資，當時許多不良教師無法訓練出有學識，有生產能力的學生。良好師資才能造就健全的國民，擔當救國的責任。

四、培育專業人才，中國那時處處要仰賴外國專家為我們當顧問，如農業，軍事，水利等。中國需要靠教育培育學術及各方面的專業人才。

五、培植政治領袖，政治領袖可以領導社會，轉移風氣，請各行各業的專門人才建設國家。從此文可知祖父對教育的高瞻遠矚。

（二）四川大學校長（一九三八—一九四三）

一九三八年從德返國後，祖父被任命為四川大學校長，四川地域觀念很強，有些川籍教師，四川士紳聯合反對他就任，但是個性堅強，不畏強勢的祖父，更加促成他就職決心。對日抗戰期間，為保護學校安全，將川大從成都遷往峨嵋。為建設學校，積極爭取經費，克服抗戰時期經費奇缺的困難。

他充沛的文人情懷和教育家的理念，帶領川大師生專注學術研究，教師指導學生論文或學生翻譯外文著作的質與量均大幅度地增進。設立師範學院，培養專門人才。川大教育水準因此大為提高。一九四〇年公布全國專科以上學生論文比賽，川大合格者人數達二十一名，是全國合格總數的百分之十二，名列全國第三。

因抗戰多年，東南各省淪陷，印刷業和書店受到摧毀，許多書籍缺乏，祖父見川大有四萬餘塊古籍多年未加整理，或殘缺，或遭蟲蛀，於是決定補刻重印，彌補坊間書籍的貧乏。因此他向蔣中正，孔祥熙，陳立夫請示撥款十六萬元，將川大貯存的所有古籍刻版揀選整理，先行印製了二十五種古籍。在抗戰期間，能申請政府撥款專用於古籍的刻印是相當難得，祖父在文化救亡方面具有特殊的貢獻。同時奠定了川大的學術基礎，是川大繼往開來的關鍵人物。

（三）政大教育長

一九三四年聘為中央政治學校教育長（校長為蔣中正），創立了研究所，網羅留學回國的專門人才充實師資隊伍。為國家培育許多英才。

一九四三年再命他繼任中央政治大學教育長。二度擔任政校教育長後在大學部增設新聞系、地政系，在經濟系內曾設統計組，此外還設立法官訓練班，為國家儲備人才。

直到一九四五年八月十日，日本投降，學校遷回南京和「中央幹部學校」合併，改名為「國立政治大學」，他就此請辭，結束了三年八個月的教育長職務。

五、出使德國

一九三五年當我國與德國首次交換大使時，祖父年僅三十六歲。即被派為特任全權大使，原習國際政治，至此得學以致用。這在他的生命史上開展了全新的一頁。

祖父抵達柏林後，自此開始了他一生最為艱辛的一段經歷。在駐德期間，國家國力艱難，不但館內的經費和人員短缺，有關中德關係，中國史料及國際公法等應有的資料也非常缺乏，國內的消息及情報又很遲緩。日本大使館因經費充裕，消息靈通。我國在宣傳上根本無法和日本競爭。

他的重大任務之一是和德國交涉購買武器與軍火以抵抗日本，祖父就任初期，希特勒政府對我國尚持友好態度，一切外交和軍火的購買都進行順利。然而中日戰爭爆發後，德對我政策上有所改變，起初我方為了維持軍火的供應，和保留軍事顧問，不得不和德方敷衍。直到德意日三國成立軸心國，德國承認了偽滿洲國，不再售賣軍火給中國，並且停止在中國的軍事顧問，祖父雖全力以赴，也無力挽回，悲憤填膺之下，因此提出辭呈數次，終獲得批准。結束了在德二年七個月的外交生涯。

六、對臺灣教育的貢獻與著作

一九四九年來臺後，擔任首任教育事務主管部門負責人，那時臺灣經費短絀，百廢待興，大環境非常惡劣，政策多難施展。積極發展原住民的教育發展，照顧原住民學生，提高原住民的師資和設備。一九五二年舉辦學生四建會，要求學生從工作中學習，做到身、心、手、腦並用的健全發展。

更於一九五三年在美國副總統尼克森來臺時，祖父向尼克森建議，補助教育經費，資助僑生學費，獲得尼克森同意。從此擴大大專院校招生名額，廣招僑生，擴充師資，增設校舍等，因此僑生在臺得到補助升學的機會。因為臺灣四面環島，為臺灣的海洋教育得以深根發展，於一九五三年設立了海洋專科學校，現在的國立海洋大學，專門培育海事專業人才。核准東海大學的設立。

祖父認為要改造教育的當務之急，要造成健全的國民，必須栽培技術人員，培養良好師資與專門人才。在當時隨著這方面前進的教育改革，造就出臺灣今日各方面的專業人才。祖父是臺灣教育承先啟後的舵手。一九五四年臺灣地區行政管理機構改組，祖父應美國西雅圖華盛頓大學之聘請，任遠東問題研究所教授。一九五六年五月，辭謝了續約。同時應華府的公共出版社之請，著手撰寫《中俄關係史》、《A history of Sino-Russian Relations》，於一九五七年三月出版。一個月後獲美國《紐約時報》週刊評為「政治家與學人之作，有助於世人對中國之瞭解」，此書乃學習遠東問題必修之著作。

一九五七年祖父自美返臺，一九五八年起出任兩任的臺灣地區考試管理機構副負責人，先後主持高考和普考七次。為臺灣地區考試管理機構成立以來，一人連任高普考典試委員長最高紀錄。又被派出席法國巴黎的聯合國教科文組織會議若干次。可謂是鞠躬盡瘁。

七、對友人重情義

祖父待人以誠並重友情。其故友賴景瑚先生在敬悼文中寫到「他好學深思，有條理，有決斷——最使我欽佩的就是治事嚴明而負責任，對人誠懇爽直，不輕然諾。他始終站在正義公道的這一邊，他實在是兼有舊道德和新學養的現代君子。喜歡和友好高談闊論，分析天下大事，有時他可以和你談論到面紅耳赤，有時也可以發幾聲大笑，結束了一場雄辯；你只要和他一接近，就可以發現他的仁慈、和藹、講道義、重友情。天放先生是一位貫徹始終的強烈愛國者」。

黃季陸先生與祖父為相交半世紀以上的摯友。他倆在加拿大多倫多大學時同住一寢室。朝夕相處，研討學問，暢談抱負。祖父又繼季陸先生為加拿大《醒華日報》主編，當年倆人皆為懷有豪情壯志的熱血愛國青年。季陸先生曾撰文，以有祖父這樣的朋友而自豪，並敬佩他為人方正，剛毅，純潔，有是非，重感情。然而，一九六七祖父年僅六十八歲即離開了人世，未能見到這隻睡獅已作驚人吼，且在國際舞臺上叱吒風雲。

血歷史157　PC0866

新銳文創
INDEPENDENT & UNIQUE

教育改革家程天放的早年回憶錄

原　　著	程天放
主　　編	蔡登山
責任編輯	鄭夏華
圖文排版	楊家齊
封面設計	王嵩賀

出版策劃	新銳文創
發 行 人	宋政坤
法律顧問	毛國樑　律師
製作發行	秀威資訊科技股份有限公司 114 台北市內湖區瑞光路76巷65號1樓 電話：+886-2-2796-3638　傳真：+886-2-2796-1377 服務信箱：service@showwe.com.tw http://www.showwe.com.tw
郵政劃撥	19563868　戶名：秀威資訊科技股份有限公司
展售門市	國家書店【松江門市】 104 台北市中山區松江路209號1樓 電話：+886-2-2518-0207　傳真：+886-2-2518-0778
網路訂購	秀威網路書店：https://store.showwe.tw 國家網路書店：https://www.govbooks.com.tw

出版日期	2019年9月　BOD一版
定　　價	260元

Printed in Taiwan

國家圖書館出版品預行編目

教育改革家程天放的早年回憶錄 / 程天放原著；
蔡登山主編. -- 一版. -- 臺北市：新銳文創,
2019.09
面；　公分. -- (血歷史；157)
BOD版
ISBN 978-957-8924-67-3(平裝)

1. 程天放 2. 回憶錄

783.3886　　108013970

讀者回函卡

感謝您購買本書，為提升服務品質，請填妥以下資料，將讀者回函卡直接寄回或傳真本公司，收到您的寶貴意見後，我們會收藏記錄及檢討，謝謝！如您需要了解本公司最新出版書目、購書優惠或企劃活動，歡迎您上網查詢或下載相關資料：http:// www.showwe.com.tw

您購買的書名：______________________________

出生日期：________年________月________日

學歷：□高中（含）以下　□大專　□研究所（含）以上

職業：□製造業　□金融業　□資訊業　□軍警　□傳播業　□自由業

□服務業　□公務員　□教職　□學生　□家管　□其它_____

購書地點：□網路書店　□實體書店　□書展　□郵購　□贈閱　□其他

您從何得知本書的消息？

□網路書店　□實體書店　□網路搜尋　□電子報　□書訊　□雜誌

□傳播媒體　□親友推薦　□網站推薦　□部落格　□其他__________

您對本書的評價：（請填代號　1.非常滿意　2.滿意　3.尚可　4.再改進）

封面設計____　版面編排____　內容____　文／譯筆____　價格____

讀完書後您覺得：

□很有收穫　□有收穫　□收穫不多　□沒收穫

對我們的建議：______________________________

____

____

____

請貼
郵票

11466
台北市內湖區瑞光路 76 巷 65 號 1 樓
秀威資訊科技股份有限公司 收
BOD 數位出版事業部

....

（請沿線對折寄回，謝謝！）

姓　　名：________________ 年齡：________ 性別：□女　□男

郵遞區號：□□□□□

地　　址：________________________________

聯絡電話：(日) ________________ (夜) ________________

E-mail：________________________________